高质量社交

张波◎著

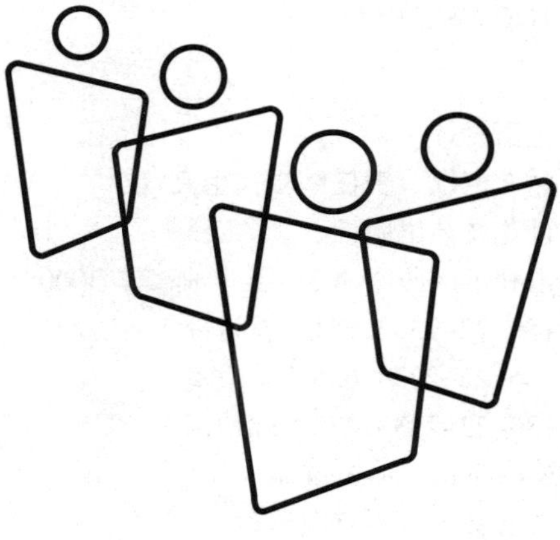

天津出版传媒集团
百花文艺出版社 天津人民出版社

图书在版编目（CIP）数据

高质量社交 / 张波著. -- 天津 : 百花文艺出版社 : 天津人民出版社, 2019.5（2021.3重印）
ISBN 978-7-5306-7646-2

Ⅰ. ①高… Ⅱ. ①张… Ⅲ. ①心理交往-社会心理学-通俗读物 Ⅳ. ①C912.11-49

中国版本图书馆 CIP 数据核字（2018）第 294527 号

高质量社交
GAO ZHILIANG SHEJIAO
张波　著

装帧设计：主语设计
选题策划：鼎文传媒　**责任编辑：**由高峰
出版发行：百花文艺出版社
地址：天津市和平区西康路 35 号　**邮编：**300051
电话传真：+86-22-23332651（发行部）
+86-22-23332656（总编室）
+86-22-23332478（邮购部）
主页：http://www.baihuawenyi.com
印刷：天津丰富彩艺印刷有限公司
开本：710 × 1000 毫米　1/16
字数：228 千字
印张：16
版次：2019 年 5 月第 1 版
印次：2021 年 3 月第 2 次印刷
定价：42. 80 元

如有印装质量问题，请与天津丰富彩艺印刷有限公司联系调换
地址：天津市宝坻区新开口镇产业功能区天源路6号
电话：022-29908595　邮编：301800

目 录

Chapter 3 与优秀者为伍，拓宽你的社交圈

Chapter 4 高效拓展社交圈，让梦想变成现实

Chapter 7 做好这几件事，稳固你在社交圈中的地位

Chapter 8 社交时时保鲜，处事游刃有余

Chapter 1

高质量社交从人脉交往开始

最无助时，为什么没有人来帮你

生命的长河里，有巅峰也有低谷。每个人都会有一段叫天天不应、叫地地不灵的日子，那段日子喝口凉水都塞牙缝。当陷入绝望的时候，你特别渴望能有一个贵人伸出援助之手，给你光明和希望，可无数次期望后，现实依然跟你开着残酷的玩笑。

无助的你有没有仔细想过，为什么是这样的结果？是你不够优秀？朋友不够给力？还是你的资源有限、力所不能及，想找的人找不到，想认识的人渠道不通，这些因素一定间或有之。总而言之，是你的社交资源还没有达到你期望的程度，同样一件事，换一个人，或许易如反掌；换一种方式，或许天堑变通途。

在一次聚会的时候，大家聊得兴起，而小李却一言不发。

小王看小李闷闷不乐，问道："小李，你怎么了？怎么不说话呢？"

小李叹了一口气，说道："最近手里有一个很好的项目，一直找不到投资商。领导催我们赶紧落实这个项目，我平时只知道工作，交际圈窄，没什么人际资源。这忙了几个月，一点进度也没有。"

小王看见小李一脸愁容，只能安慰他别着急。

小赵则对小李说："我有一个同学在电视台工作，他平日里经常和一些名人打交道，有商界奇才、政府官员，甚至当红明星。不如你主动去联系他，多约他出来玩玩，成为肝胆相照的好朋友后，还怕他不帮你找到投资商？"小李心动了，想去试试。

一旁的小张听后，无奈地对小赵说："交朋友带着强烈的目的性，别人会把你拒之门外。小李的项目既然不错，不如去本市的风投公司试试。"

小李听了他俩的话，两种方法都想试试。他先联系了小赵的那位朋友，没想到约出来后，两人性格不同，兴趣爱好也不同，再加上不是一个行业，没什么共同语言，小李悻悻而归。随后，小李拿着项目计划书去风投公司，负责人听了小李的详细介绍，发现他是个不可多得的人才，很看好这个项目未来的发展前景，当即表达了要投资的意愿。小李非常开心，后来，他们成了好朋友，小李又通过该公司负责人认识了其他从事风投工作的朋友，小李的交际圈扩大了，再也不担心项目缺乏资金的问题。

回顾这段往事，小李不禁感叹："高质量的社交并不是一味地认识各类牛人，去寻求他们的帮助。圈子很小，资源很少，只有主动去发现、去交往。在发现的过程中优化自己、优化资源，才能一步一步成就自己，成就他人，这才是真正的高质量社交。"

很多年轻人都想知道美国首富——微软创始人比尔·盖茨为什么能取得令人瞩目的成就。比尔·盖茨说："我之所以成功是因为有很多的成功人士在为我工作。"他的话道出了这样一个真理：当下和未来都将是一个共赢的时代，没有合作，成功无从谈起。

如今的世界，你可以在微博上拥有700位粉丝，也可以在微信上交

1000位好友。看起来拥有一个很大的社交圈并不是一件难事。但如果你所谓的“朋友”都在分享相同的故事、类似的观点，那么你的世界可能很窄。然而，一场与现实生活中6个朋友的谈话可能会让你获得更加丰富的想法和观点。你需要做的是，画一个兼容并包、充满活力的圈，并且是一个够大的圈，然后不断填充对世界的认知。

这个圈就是你为自己储备的丰富而优质的社交资源。一个人如果没有有影响力的社交圈资源，就无法与他人合作共赢。道理很简单，彼此隔离的两个世界，没有任何交集，于是你遇到问题一筹莫展：拮据时，你没有经济宽裕的朋友；遇到技术难题时，你没有这个行业的专家朋友……相反，如果你有一张宽大的人际关系网络，那么在你拮据的时候，有朋友解围；事业瓶颈期，有高人指点，那你的人生岂不是左右逢源、如鱼得水！

越来越多的朋友已经意识到社交资源对于一个人的重要性，开始用心地构建、拓展和高效地运用社交资源，让社交的力量来帮助自己解决一个又一个难题。于是，这些人成了行业的佼佼者，成为掌握世界80%以上财富的人，这些人占人类的比例是多少呢？3%~5%！

因此，你很有必要充分了解社交圈的重要性，一定要尽快构建、开拓和经营好专属于自己的社交圈。扩大你的社交圈并非易事，这当然需要勇气，也需要对生活的想象力和好奇心。它拒绝恐惧和怀疑，要求你和你的朋友真诚交往、互相帮助。在这个过程里，你和他们会有越来越多的交集，你会越来越体会到其中的乐趣，并热衷于去画更大的圈，你会发现生活更加丰富、充实、有意义。

怎样有效地拓展自己的社交圈呢？电话、短信、邮件、微博、微信、QQ、聚会、沙龙等等，丰富多彩的现代生活为人们提供了方便快捷的人际交往形式，人与人之间的距离也越来越小、越来越近。这些交往方式总有一种适合你，让你在人际网络里寻找到你想要找的那些人。如果你对自己的生活心存不满，如果你还想突破现有的状态，如果你想拥有优质人生，就请主动迈出人际交往的第一步，去结识那些能改变你、提升你、影响你的优秀的人吧！

六度分隔的神奇魔力

你是否听说过这样一些类似的事例：一个善于管理的企业家可能不懂得融资技巧，一个技术精湛的专家可能缺乏商业思维，一个思维敏捷的律师可能不具备营销能力，一个能力出众的公务员可能不善于处理人际关系……这启示我们，绝大多数人都不是全能的，都需要和他人合作，用别人的长处来弥补自己的短处。怎么样更高效地找到能弥补自己短处的人呢？依靠社交圈的力量。

在这里举一个例子，大家对他的故事耳熟能详，他就是《水浒传》里的宋江。宋江身材矮小，面目黝黑，在山东省郓城县当押司。一个在众多舞刀弄剑的英雄好汉中稍显平凡的角色，最后却成为梁山泊起义军的领袖。他为什么会成为起义军的领袖？我想这和他善恶分明、善于交际有关系。宋江被江湖人称为“及时雨”，在朋友遇到困难时，他一视同仁，仗义出手相助，事后不计较报酬。宋江获得很多人的尊重，他流亡时与武松结为兄弟，又结识了清风寨三位头领燕顺、王英、郑天寿。在宋江遭到奸人陷害被押往青州途中，有幸被他们三人救下。等他再次受害发配到江州时，又得到李俊、童威等人救助。在宋江上梁山后，他重视社交资源，广交好友，集结了108位英雄好汉。在梁山泊遇到朝廷围剿时，宋江凭借自己的智慧，合理分配掌握的资源，多次击退朝廷军队，把梁山泊起义军推向了鼎盛时期。

你也一样！

对于年轻人来说，要想在这个世界有立足之地，社交资源非常重要。它不等同于财富和权力，却和财富权力息息相关，它是一种关键的无形资产，没有它，就很难甚至无法实现人生目标。相反，如果你的社交资源的层次越丰富、组成部分越完善，你发展进步的速度就越快。

稍加留意，我们就能发现，在我们身边总有一些人，拥有着强大的社交资源。例如，需要做某一行业生意时他有相关行业的朋友……由于懂得经营自己的社交资源，这类人的朋友看起来遍布天下，各行各业皆有，约谁都约得到，因此做起事情来总是如鱼得水、左右逢源。这类人是我们应该学习的榜样。

为什么这类人会拥有强大的社交圈，他们拥有什么特殊的技能吗？其实并没有，他们只是有意或无意地运用了这样一个理论：六度分隔理论。

六度分隔理论（Six Degrees of Separation）由美国著名的社会心理学家斯坦利·米尔格伦姆（Stanley Milgram）于20世纪60年代提出。根据这个理论，你和世界上的任何一个人之间只隔着6个人，不管对方在哪个国家，属于哪类人种，是哪种肤色。

六度分隔理论告诉我们，整个世界就是一张巨大的人际网络，它似乎将地球1.5亿平方千米的陆地面积缩小了。通过这张网，任何人都可能成为你的朋友，无论这个人是聚光灯下的明星还是政坛上的高官，只要你肯低头看看手中的网，沿着线路查询，这个人就有可能成为你的朋友，甚至知己。

你很可能有过这样的经历：你和一个刚刚认识的人在一起聊天，聊着聊着忽然发现他居然是你高中同学的哥哥，或者是你同事的一个亲戚，在感慨着世界如此之大的同时，你也开始感慨这世界其实也可以是如此之小！这就是社交圈的神奇之处，而这种神奇的力量常常被我们忽略了。

看到这里，有读者可能会问："难道我和普京或者特朗普之间最多也只隔了6个人吗？"回答正确！你和普京或者特朗普之间最多只隔了6个人，而且构成这个奇妙六人链中的第二个人，就是你认识的人，也许是你的父母，也许是你的中学同学，也许是你的老板，也许是你所住的公寓楼里打扫卫生的阿姨……是的，社交圈就是这么神奇，只要你想，只要你去约，想约谁理论上都能约得到！

社交圈作为一种很重要的资源，我们该怎么去有效发掘并应用呢？相关的内容在后面的章节里会有详述，这里先简要提及一下。为了应用好社交圈资源，你需要时不时地去梳理自己的社交圈，对你社交圈里的每一个人都有一个比较深入的了解，知道每一个人在哪些方面有其独特的价值、与众不同的长处、比较突出的优势等，这样才能知道谁能弥补你的不足，同时你也能切实有效地联系到对方。

千万不要看不起任何人，每个人都有自己的价值。也许你认为他现在不值得你交往，不能对你的事业有实质性的影响，这是一种肤浅的想法。

社交资源的本质在于价值传递，而且是互相传递。有些人朋友遍天下，可关键时候却找不到帮助他的人。在我们与他人交际时，不要只注重眼前的利益，而要看重对方的人品、三观。平时聚会时两人可以无所顾忌、尽情地畅谈，进行头脑风暴，各方观点互相碰撞，互相学习成长。对方有难时，也需尽自己最大的努力去帮助他。当你有难时，他也能尽自己所能来帮助你。这才是真正有效的社交资源。

王莉莉是一个爱好摄影的文艺女青年，她的日常爱好就是和朋友出去旅行，拿镜头记录下美丽的风光。一次，她在网上报了一个旅行团，在旅途中她认识一个活泼开朗的女生张琪，她发现张琪学识丰富，对中国古代史非常感兴趣，能娓娓道来一个个景点相关的历史故事和人物介绍。王莉莉的摄影技术好，帮张琪拍照，张琪给王莉莉讲历史故事，经过几天的相处，她俩成为形影不离的好朋友。旅行结束后，她俩依然继续联系，一年后张琪提高了摄影技术，王莉莉在张琪的影响下成功读完了《史记》。

我们知道，幸福的源泉之一是培养工作之外的激情和兴趣。与他人分享你的兴趣和爱好会为你和你的朋友们带来极大的喜悦，共同的爱好和话题还能将你和其他圈子的朋友连接在一起，这些人与你平时遇到的人迥然不同。他们或许是医生，或许是官员，或许是厨师，或许是音乐家，在与他们每一个人的交往中，你不但能拓宽视野，收获友谊，也在无形中将你的价值传递出去，与对方分享。信息的融合过程，缩短了你与世界的距离。

总之，理解好六度分隔理论，学会经营你的社交圈。不管你想结交哪个圈子的朋友，你都可以做到。记住，他和你仅隔6个朋友。当然，前提是平日里你必须懂得用心拓展、经营和维护好你的社交圈。若你还没学会，不要紧，从现在开始还来得及！

朋友的朋友也是朋友

每个人刚来到这个世界时，对一切都感到很陌生。在漫长的成长过程中，我们认识了父母，然后认识了父母之外的一些亲人，然后是朋友们。在幼儿园里，我们认识了一些小伙伴；在小学、中学和大学里，我们又认识了许多同学，结交了若干好朋友。走向社会之后，我们又结识了一些同事以及同事的朋友。人类作为群居动物，在不断扩大的交际圈里，依靠彼此联系、互相帮助生存、生活和发展着。

在数学领域有这样一个猜想，叫“六度空间理论”：若每个人平均认识260人，其六度就是1 188 137 600 000。这个庞大的数字是整个地球人口的若干倍！假如将这个理论运用于人际交往，你能否想象这是多么庞大的社交资源，而这个资源又能为你带来多么巨大的力量？

朋友的朋友也是朋友，这是从平凡人到取得了巨大成就的成功人士都普遍认可的社交圈法则。不过，朋友也分很多种，生活中的朋友、工作中的朋友、志同道合的朋友、能一起吃吃喝喝的朋友……这些各种意义上的朋友究竟该怎么交往与相处呢？明代学者苏浚在《鸡鸣偶记》中做了这样的解释：

“道义相砥，过失相规，畏友也；缓急可共，生死可托，密友也；甘言如饴，游戏征逐，昵友也；利则相攘，患则相倾，贼友也。”意思是说，直言无畏、规劝过失的畏友，生死相托、相互信任的密友，是人生道路上不可或缺的朋友；好言相悦、互相吹捧的昵友，交也可以，不交也可以，但最好能够远离；见到利益与好处就上去争抢、遇到困难挫折就退缩的贼友，这种人最不可交。

道理大家都懂，可人是一种很复杂的动物，具体社交过程中还是有人会对这个观点持有怀疑甚至否定的态度。有人会认为，朋友的朋友也许会是敌人，朋友的朋友也许并不是你想交往的那类人。这些都有可能，但笔者想说的是，应该换一个角度去看待社交。

首先，不论他的能力和人品，他是你朋友的朋友，由于你和朋友之间的情谊，你是可以和他保持来往的，但交往的深浅全在于自己把握。

其次，请不要将朋友的朋友看成是一个单独的人。他同样有一个庞大的社交圈，那个社交圈里有许多你不认识的人，未来你新认识的朋友可能就是他社交圈中的一员。

最后，你需要调整自己的心态，带着一颗真诚的心去交往。如果你带着功利心去和他交往，也许短期内你们友谊炙热，但过不了多长时间，彼此就会从对方的圈子里慢慢淡出。

朋友之间的交往，一定是共同分享、彼此帮助、互相传递价值。无论是工作关系还是私下里的交往，都尽量保持一颗平常心，切莫有高低贵贱之分。因为是朋友的朋友，所以你应该以最真实的自己和他们交往，这样的友谊才能天长地久，你也才能打开朋友的社交圈，融入更大的资源网中去。请记得，在交朋友时不要只顾及眼前的利益，带有目的性地去交往，那样的友谊不纯粹。大家平常可能都互相称兄道弟，一起玩乐；当你有事时，第一时间伸手帮助你的却是友谊中不掺杂利益的朋友。可见，缘分是不是一件很奇妙的事物呢？对此，当初还是小职员、现在已经成为企业家的洪涛最有话说。

几年前，洪涛还在一家小公司里做软件设计，是一个不折不扣的打工仔。有一天，他的一个同事带着几个朋友从外地来到武汉，而这位同事恰好有别的事情无法陪同，委托洪涛接待一下他的朋友。

于是洪涛精心挑选了一个不错的饭店，然后准备了一些当地的特产送给那几位朋友。

在聊天过程中，他们得知洪涛是做软件设计的，很感兴趣。于是洪涛就演示了一款最新研发的软件，当然这个作品也充分体现了洪涛的创意与能力。没想到的是，那几个朋友对洪涛的能力非常赏识，真诚地邀请他一起去做一个项目。

两年后，凭借这个项目，洪涛从一个打工仔摇身一变成了公司的副总。后来，他又和该公司的客户结为朋友，进军影视行业。又几年后，他利用社交圈资源，自己做导演，成功地拍摄了一部国内颇具影响力的电影，很快地就在行业内声名大噪。

回顾自己走过的这段路，洪涛这样总结："朋友的朋友就是你的朋友，社交圈无非就是这样去拓展的。当你学会借助社交资源时，你的机会会变得多起来，你的路会越走越宽，视野会越来越开阔。当你遇到一些困难，然后感觉陷入思维的死角时，一旦能换一个角度，你很可能会发现一片新天地，然后解决问题的答案马上就有了。这就是越努力越幸运！"

他认为，如果当初他拒绝帮同事的忙，不去接待同事的那几位朋友，他也许会永远地错过这宝贵的机会，自然也就不会有后来的合作伙伴了。仔细想想，人生真的很玄妙，原本并不相识的两个人会认识并成为朋友，更因彼此之间的合作而改变了各自的命运。

在这个世界上没有任何联系的两个人是不存在的，任何人都可能通过"六度空间"建立起关系。"六度空间"表明了社会中普遍存在的看似微弱的关系的强大作用，这种微弱的人际纽带使得人与人之间的距离变得非常相近。“朋友的朋友也是朋友”，这句话告诉你的就是这样一个道理，当你能秉持这种理念，运用一定的联系方式和交往技巧，结合你自身的努力，无论你想认识谁，即使是马云、任正非，也不是痴人说梦。

跳出社交舒适区，让陌生人变成熟人

和熟人打交道容易，还是和陌生人打交道容易？大部分人会说当然是和熟人打交道容易。和熟人、好朋友交往，会一直处于舒适区，彼此了解，很安全，也很愉快。但长此以往，这样会限制你人生的可能性，如果你的人际圈几年或者十几年都不变，生活难免单调，做事难免缺乏助力，事业难免不容易成功。在这个社会，你要学会结识陌生人，这是你吐故纳新，迭代人际圈的好机会。

也有人会说："熟人不一定可靠，陌生人不一定没有安全感。只有主动去结识更多的人，你才知道哪些人适合交往，哪些人不适合交往。"的确如此，人往往被自己的舒适区所限制，认为熟人有安全感，不必防备，但大量事实表明，人们受熟人的侵害是多于陌生人的。

主动认识陌生人，并善于收集有效资源，是一个现代人必须具备的能力。我有一个朋友是一家企业的负责人。有一次，我去办公室找他。我们聊天时，他接到了一个电话。在通话过程中，他对这个人没有印象，暗示我需要查询相关信息。于是，我帮助他在五六个名片夹里寻找。那一次，我发现了他的过人之处。他的每一本名片夹的封面都有一个标签，上面写着×××

年名片夹，里面进行了详细分类，媒体类的集中在一起，客户类的集中在一起，朋友类的集中在一起……除了分门别类之外，他还在每一张名片上写着收集该名片的日期和场合。比如，×月×日，×××的婚宴上认识的。

他现在让我找的是一位被他贴上了“9月8日中西文化交流会”这一醒目标签的人。在这一标签的帮助下，我很快找到那个相关的人。朋友看着名片上的提示想起来这个人是谁了，他和对方聊了一些当初认识的细节，对方感动不已。一个简单的标签就巧妙地化解了社交中出现的尴尬。

的确，人与人之间的交往，都是从陌生走向熟悉的，在熟悉的过程中发现彼此的共同点，在共同点的驱使下再去认识彼此更多的朋友，于是从一个朋友发展到多个朋友，从这个行业的朋友再认识那个行业的朋友，逐渐扩大社交圈。最初的陌生人也变成你舒适区的熟人，你会和他们越来越自如地打交道，以此为中心，再画更多的圈，去寻找和发现下一个能与你思想共振的陌生人。如同平静的湖面丢进一颗石子，一圈一圈的涟漪荡开来，兼收包容、吐故纳新，不断更新的社交圈为你带来源源不断的信息，推动你去发现更优秀的自己，进而再一次拓展你的社交圈……

倘若你肯回头想一想，是不是应该特别感谢当初那个把你带进不一样圈子的陌生人呢？YES！

你的命运有时掌握在最好的朋友手里

稍微了解，你会发现：医生的朋友们通常也都是医生；司机的朋友们通常也都是司机；亿万富翁的朋友们通常也都是亿万富翁；老板的朋友们通常也都是老板……用一句话来概括这种现象就是：物以类聚，人以群分。造成这种现象的另一种原因是，人和人本来就会互相影响。就像前面所讲的，在社交圈里，人际关系原本就是人与人之间的信息传递和价值传递，这其中，语言和思想的传递与感染力是极为惊人的。

你喜欢文学，你最好的朋友很可能也是文学爱好者；你喜欢炒股，你最好的朋友很可能对金融理财颇为精通；甚至你会因为喜欢吃羊肉而结识一位饭友，你们会因为分享美食的快乐而时常相聚，或许还会因此有更多的朋友加入你的社交圈。看看你最好的朋友穿什么衣服，也可以猜想得到你对服装审美的标准……人际关系就是这样奇妙。

你是什么样的人很可能你的朋友也是什么样的人。朋友会直接且深刻地影响你，好的朋友会促使你不断上进，不好的朋友使你日渐堕落，所谓近朱者赤近墨者黑，就是这样的道理。甚至可以这样说："我们最好的朋友有时候会影响到我们的命运！"

朋友对一个人的影响是深远且多样的，他看什么样的书、去哪里旅游、买什么牌子的手机、热爱什么样的工作、开什么牌子的小轿车、一个月赚多少钱、职业生涯规划是什么样的、参加什么样的团体活动、做什么样的生意、参加什么样的聚会等等，都会有形或者无形地渗透你的生活和思想，或深或浅地影响着你的生活、工作、思想，甚至命运。

最好的朋友就是你的镜子，照出了另一个自己。看看你最好的朋友，就可以大致了解你的基本情况了。

如果你最好的朋友比你聪明能干，比你积极上进，比你有着更为丰富的社会经验，那么你或多或少也会受到感染和鼓舞，变得比原来聪明能干、积极上进，积累更多的社会经验。如果你最好的朋友比你强大，你可以从中得到力量。你最好的朋友总会对你品格的形成产生有益的影响——增长自己的才干，提高分析和解决问题的能力，改进自己的目标，在处理日常事务中变得更加敏捷和老练，与此同时，不断地提升自己的价值。

微软创始人比尔·盖茨说过："与品格高尚的人生活在一起，你会感到自己也在其中得到了升华，自己的心灵也被他们照亮。最要好的朋友对你潜移默化的作用是不可低估的，因为一个伟人的目光里对你会有奇特的力量。"

陈芸和沈宏是一对要好的朋友，说起最初的相识，还是一段趣事。两人是在飞机上认识的，当时他们从一份报纸聊起，聊到了个人的兴趣爱好，结果越聊越投机，然后聊到电影、新兴产业等等。两人因不同的思想和观点迸发出有趣的火花，分别之时，他们互相加了微信。

一个月后，陈芸遇到了难题：手里有一个好项目却缺乏启动资金。陈芸为此烦恼时，沈宏却正为没有好项目投资苦恼。两个人再次联系时，陈芸诉说了自己的烦恼，沈宏一听来了兴趣，相约出来面谈。两人见面后，沈宏了解了陈芸的项目的基本情况，说了一些自己的观点。他们发现对方和自己的想法相同。

又过了3个月，沈宏将150万元汇到了陈芸的账户上。当然，这笔钱不完全是友情赞助，沈宏也加入这个项目，两个人一起努力创业，互为左膀右臂。生意顿时做得风生水起。要知道，在没有遇到沈宏之前，关于投资的事情陈芸已经跑了快一年，没有想到最后帮自己的，居然是这位认识不久的好朋友。

最好的朋友是一个人非常重要的资产，你们会为彼此的梦想添砖加瓦。世界上最伟大的推销员乔·吉拉德说过："要掌控命运，请先睁大眼睛分析一下你身边的朋友，看看谁是你最要好的朋友，谁能给你最有力的帮助，那就是你未来的命运格局。"

那么，到底谁才是你最亲近的朋友呢？请拿出纸和笔，分析一下跟你互动最频繁的5个人。在你开心或者难过的时候，最想给谁打电话？在你最需要帮助的时候，最想告诉谁？在你的日常生活里，谁出现的次数最多？这些问题可以帮助你确定哪些人才是你真正的朋友，有助于你分析自己的优势和劣势，有助于你梳理自己的社交圈资源，从而找出优质的人脉、给力的朋友。然后你需要重新组合你的社交资源，迅速地提升自己，进而为改变自己的命运努力。

如果一个人没有遇到一个比自己更成功的朋友来影响自己的话，5年后，这个人除了年龄会增长之外，其他的一切都会一模一样。所以，从今天开始，马上写下来你想认识的成功人士，想办法去认识他们，跟他们成为最要好的朋友。我坚信，你的人生绝对会因此而与众不同。

建立“社交档案”，轻松找到你的目标

在人际交往中往往会出现这些现象：明明才认识的人，没过多久就忘记了他的名字，再次见面尴尬得叫不出对方名字；有事想找人时，找不到对方的联系方式；有时候想和朋友出去玩时，却发现找不到合适的朋友。遇到上述这种情况，是由于你平时不懂得经营社交关系，这时候你就需要建立一个“社交档案”了。

“社交档案”有助于你拓展交际圈，在关键时候，社档案里的人或许还能帮你解决你解决不了的问题。

胡晏明是在美国某名牌大学留学的计算机博士。几年寒窗苦读，他学成归来，回到国内准备在一家大企业找一份专业对口的工作。没想到，虽然他手上有一张在世人眼中响当当的世界名校的博士文凭，却并没有为自己换来一份来自大企业的聘用邀请！曾经心高气傲以为自己是天之骄子的他心里别提什么滋味了！

他左思右想，苦寻出路。这时他突然想起了自己多年前认识的一位好友。虽然已经有很长一段时间没有联系，但他想办法辗转打听到了这位好友的联系方式。他马上给对方打了个电话，把这位好友约了出来，请他吃饭。

他向这位好友苦诉了自己一个留学博士生竟然找不到工作的苦恼。好友听后，哈哈大笑地说："你早说嘛，像你这样的人才，找工作怎么会困难呢？只是你自己没有找对地方罢了。我的堂弟是个猎头，我向他提一提，或许会有很好的机会。"没过两天，好朋友打电话，说有一家合资企业正在招聘，专业正和他对口，这位博士生兴致勃勃地去应聘，很顺利地就在这家大企业上班了。

从朋友到满意的工作之间不到6个人的距离，这就是社交的价值。在借力社交圈的力量去解决问题时，一定要学会找到解决问题的关键人物。当你在"六度分隔理论"的指导下，通过社交圈里的关系寻找到了关键人物，你遇到的问题就马上能迎刃而解。

俗话说，一把钥匙开一把锁，再精密的锁也要用对的钥匙才能打开。在利用社交圈资源里的关键人物来帮你解决问题前，你首先要学会找到这样一个人来助你一臂之力。当你一时找不到恰当的方式去接触到关键人物的时候，怎么办？不妨先接近与他们相关的"边缘人"，然后再进一步采取行动。

李晨经营着一家服饰店，由于他看到网上有开网店扩大自己销路的。他便想自己也开一家网店，把生意做大。可是李晨是一个外行人，他不懂电商知识，到处找人咨询怎么开网店。可惜他身边的人都不懂，也无法给他好的建议。

李晨折腾半天，网店终于摸索着开业了。他又遇到一个难题，不懂运营。没想到，网店不到半年亏损过大，李晨着急却没有任何办法。

这时，一位经常光顾的老顾客来买东西，李晨记得他在互联网行业工作，应该有认识的人。老顾客得知情况后，给李晨一个名片，让他打个电话试试。李晨立即打电话联系，对方得知这个情况，立马向他推荐一位电商方面的人才——王治。后来，在王治的指导下，李晨整顿了网店，还学会在网上打广告，亏损的现象慢慢缓解。这期间，他又认识了许多开网店的朋友，李晨经常和他们交流、学习新知识。一年后，李晨的网店生意越来越好，甚至超过了他实体店的生意。

李晨的店能盈利，全靠一位能指引他的贵人为他出谋划策。广交朋友，能扩大你的人际圈，在你想融入一个行业时，不妨先接触这个行业的人带你进入这个圈子。

切记，接近和认识关键人物，靠的是圈子找圈子，靠关系找关系，要有章可循，运用“六度分隔理论”来指导你。在六个人之内，你总能通过圈子找圈子，关系找关系，去认识你想要认识的关键人物，或者联系你想要联系的任何人。

任何一位善于经营社交圈资源的人，都绝不会急功近利，而是会在人际交往的过程中不断地为自己创造机会，去一步一步拓展自己的社交圈子，不断结识各种优秀的人士，在交往中收获他们的信任，分享信息，彼此成就，共同成长，成为要好的朋友。只有这样，在你需要助力时，才能找到帮助自己解决难题的关键人物，也就是我们常说的“贵人”。

互帮互助，做同事的最佳拍档

相信很多人都知道赤壁之战的故事。三国时期，曹操率大军南下讨伐东吴。刘备没有足够的实力与曹操对抗。刘备得到消息，立即抓住机会，派诸葛亮前去东吴游说，两国达成联盟共同抵御曹操。大战前夕，诸葛亮先草船借箭，再巧借东风，黄盖假投降趁势点燃准备好的船队。一时间，燃烧的船队引燃曹操的船队，火瞬间蔓延开来，把曹操的战船吞没。经此一战，大大挫了曹操的锐气，三国鼎立局势便已成立。这个故事不难理解，如果吴蜀不合作，那么结局就是陆续被曹军灭掉。在工作中，你有一个社交圈，我也有一个社交圈，我们相互合作、相互交换，结果便会大不相同。

有一个刚成立不久的网站，在短短几个月的时间里，便迅速建立起了运营团队，各个部门都迅速进入了工作状态。三个月后，各个部门之间的效率便出现了很大的差别。有一个部门的业绩遥遥领先，还有一个部门的业绩很不好，剩余的部门业绩则差强人意。

在公司全员大会上，老板让大家都谈一谈各自在工作中的成功经验和不足之处。业绩遥遥领先的部门负责人张总监淡淡地说道："目前，各部门在人员配置上，数我的部门人员最少，尽管如此，人少不等于低效，我们团队每一个人只需要调动他的社交资源就可以发挥意想不到的效果。我们团队，每个人根据自己的特质和优势，在一定领域都有他的社交圈，团队协作可以互补共赢，朋友之间也可以互相提升，因此，我们完成业绩就不是什么难事了。”

这一番话让那个业绩很差的部门负责人陈总监恍然大悟：“原来是这样啊！想我过去这段时间，每天都跑得好辛苦，去发名片、收名片、打电话、接电话，饭都不顾上吃，水都没时间喝，结果最后还得到了那么差的业绩，有时候我甚至都怀疑自己是不是不适合干这一行了。没想到，我是没有充分利用我们的社交圈资源啊！可是我又觉得自己没什么社交资源啊！”

张总监说：“这一点大家可以学习借鉴，都是为了公司发展。但社交圈的拓展是需要时间的，每一个阶段有不同的针对性。把一个陌生人变成朋友需要时间和精力，把朋友变成好朋友，又需要时间和精力，要想在好朋友里发现比自己更强的好朋友，那又是另一个阶段了。”

一言既出，会议室里大家一阵沉思，有点头的，有恍然大悟的，有捶胸顿足的，老板对此深感欣慰。他针对不同部门的现状进行调整规划，三个月后，他相信，公司的发展将会有一个崭新的局面。

在借力社交圈资源来达成自己的目标时，一定要记住的是，人与人之间，社交圈与社交圈之间，并不是利用关系，而是一种相互交换、相互扶持、相互帮助的关系。例如，你从别人那里获取了信息，你也要在别人需要的时候反馈给对方信息，这就是一种良好的互动，也是经营社交圈资源的一个重要原则。

无论我们未来需要的是一个多么庞大的社交圈子，它起初都是从结识一个人开始的。所以，我们不妨审视一下自己的社交圈资源，找出对你最重要的那个人，以那个人为中心，辐射出去，将相关的人脉都收入你的手中。假如他是一名法官，他是你最好的朋友，那么法官也许会在办案的过程中认识医生、银行家、作家、老板、精英……

这些原本看似和你无关的人群，一旦聚拢在你周围的时候，久而久之，就会为你结成一层又一层的朋友圈，无论你想约谁，你都约得到！无论你想解决什么样的问题，都能有人给你提供你最想要的答案。

Chapter 2

培养社交思维，你的人生需要贵人相助

成功需要贵人相助

韩愈曾说："千里马常有，而伯乐不常有。"这说明在你做成一件事之前，得有一个能识别人才的贵人找到你、重用你。如果没有，那该怎么办呢？你应该主动创造机会认识新朋友，不断地丰富你的社交圈，提升社交资源的质量与层次。还有，你得知道，在遇到贵人之前，你得是一匹"千里马"。坚持学习，充实自我，才能不断取得进步和发展，成为一匹合格的"千里马"。这样一来，当时机来临时，你才能牢牢把握住机会。反之，一个毫无才能的人整天想着靠贵人帮你走上人生巅峰，无异于痴人说梦。

任何人在成功的路上时总会遇到一些阻碍，想顺利达成目标时可能需要一些经验丰富的人帮你指引方向，这个帮你的人就是"伯乐"，我们也可称为贵人。有贵人相助，更容易打开机遇的天窗，让我们拨云见日、豁然开朗，更容易认清迈向成功的正确的方向。有贵人相助，就可以大大缩短我们奔向成功的时间。这就相当于站在巨人的肩膀上去看世界，你能看得更高更远；站在巨人的肩膀上去摘树上的果实，你能摘到更大更多的果子；站在巨人的肩膀上去开创事业，你能实现更大的目标，创造更多的价值。

众所周知，比尔·盖茨成功地创办了微软公司，并通过经营这家公司，让自己在很多年时间里，都稳坐于世界首富的宝座上。他当初创业的时候，为什么能那么顺利地淘到第一桶金呢？因为有他母亲的帮助。当时，他的母亲是IBM公司董事会的董事。他创立微软公司后，签到的第一份订单，靠的就是他母亲的牵线搭桥，然后和IBM签署的。比尔·盖茨签到的这份IBM给的大单，奠定了他日后公司的成功、他成为世界首富的坚实基础。

每一个知道这个故事的人都很羡慕他，也都希望自己能拥有这样一位能够在自己事业发展过程中起到推动作用的贵人。但绝大多数人又没有如此身居要职的母亲。其实，你没有这样的母亲，但你却依然能找得到你生命中的贵人，并让你的贵人给你提供重要的帮助。通过对六度分隔理论的学习和应用，我们已经知道，你其实是可以认识你想要认识的贵人的，而且中间间隔的人不会超过6个，包括你和你想认识的贵人在内。一旦你结识对方，而且对方还很乐意帮助你，那么你的人生将从此改变！

“寓言大师”伊索说过：“谁喜欢什么样的朋友，谁就是什么样的人。”与才能超绝、事业有成的人士为友，你会更容易获得成功。你人生的成就除了取决于你自身的努力外，还取决于你所处的环境以及你所交往的人。与比你优秀的人在一起，可以使你见贤思齐。而当你身处在一个优秀的团队里时，为了在该团队更好地生存与发展下去，你就会给自己设定目标、主动学习，克服困难、不断成长。时刻向比你优秀的人士学习，汲取他们卓越的思想见识，无形中使你少走弯路，优秀人士还可以在你追求事业成功的路上给予你很多帮助。人生路上，一定要主动地多结识几位比你优秀的人士，获得他们的友谊；如果有可能，让自己在优秀的团队里待一段时间。

为了尽快地找到影响自己一生的关键人物，你必须从以下几个方面着手去做：

首先，经常参加一些高品质的社交活动，有意识地“推销”自己，主动拓展自己的社交圈子，尤其要多结识一些优秀人士。你主动出击的次数越多，你所认识的优秀人士也就越多；你认识的优秀人士越多，认识到贵人的可能性就越大。

其次，帮助你认为可能成为你生命中的贵人做事。在优秀人士身边做事，你能学到很多东西，言谈举止无不是无形的财富，其价值可让你受用一生。

再次，与那些优秀人士合作共事。与马赛跑，不如骑马成功；有贵人给你提供足够的助力，你能很轻松地实现目标，达成梦想。

虽然说很多人都可能成为你的贵人，但毫无疑问的是，那些取得了卓越成就、坐拥着各种资源的优秀人士，如果能成为你的贵人，能给你提供的帮助无疑是巨大的。如果你想出人头地，又想少走弯路，不妨主动寻找和结交至少一位有可能给你提供巨大帮助、让你迅速改变命运的优秀人士。

最后，与贵人相处要注意方式方法。那些取得卓越成就的优秀人士，往往拥有着显贵的身份与社会地位，平常较少主动与普通人交往，你只有积极主动、真诚热情，才有可能赢得他们的认可和信赖，这一步你必须要求自己做到并且做好。例如，在逢年过节时不妨给他们主动发去祝福的短信或者给对方寄一张贺卡，在对方有需要的时候及时出现并替对方做好几件小事，这些都能给对方留下很好的印象，也为日后的接触打下良好的基础。

王董事长是一位平易近人的领导。他与二车间的干事小许之前从未打过交道，但他听说小许兢兢业业并勇于创新，在技术领域做出颇受关注的成绩，便约请小许与他聊一聊。小许在王董事长面前没有任何不得体的言行举止，不卑不亢，从容礼貌。王董事长对他很赞赏，觉得没有看错人，就这样一来二往，小许与王董事长便熟悉了起来。逢年过节，特别是得知董事长生日后，小许定会准时发短信祝福，自己有一些新的想法也会征求董事长的意见，时间长了，他们渐渐成了好朋友。一段时间后，小许就被调到公司董事长办公室，当了办公室主任，成为董事长的得力助手。他的职业生涯也因此翻开了新的篇章。

通常，优秀人士之所以优秀，一定是在眼界、格局、学识和经验上都高出常人许多。与他们交往，容易让你肃然起敬，但他们给你的那种威严感，也容易让你紧张、很有压力，有些人这时甚至会手足无措。其实作为未见过大世面的年轻人，你既要尊敬对方，又要让自己保持一颗平常心，自然而正常地交往，不必过于谨慎拘束。这样才能显示自己的交际魅力，赢得对方的认可和尊重，从而使对方乐意与你成为朋友。

需要注意的是，在寻找贵人助力时，一要尊重对方的愿望；二要适度得宜，不可仰仗、依附于对方。恰当的求助及一定程度上的求教都是合乎交际现实的，不仅不会损害自己的尊严，也会赢得优秀人士的理解。如果不能摆正关系，显示自己的能力，卖弄自己的才华，还会破坏已有的关系，结果往往容易适得其反。

成功需要贵人相助，首先你要具备融入贵人圈子的能力，不断学习，提升自己的综合素质，才能有机会靠近贵人，获得他们的赏识和信任，进而成为他们的朋友，才能在你需要的时候，获得他们的鼎力相助。

强化社交思维，找到贵人帮助自己

有人在聊天中说起一位飞黄腾达的朋友，旁边的一个朋友有些不服气地说："要是我和李嘉诚在一起，我今天也是资产多少个亿的人。"言外之意，一个人能否幸运，关键就在于能否得到贵人相助。

曾有人说，如果没有恩格斯这位挚友的资助，马克思就不会写出伟大的著作《资本论》；如果没有肯尼迪的影响，克林顿也许只是个音乐家；如果没有碰到吉米·罗恩，安东尼·罗宾也许不会成为世界上演讲费最高的成功学权威……诸多的例证说明，你和什么样的人在一起很重要。

贵人到底有多重要呢？有人在大型企业的中高层管理者中做过一个调查，调查的内容正是在他们的职业生涯发展中是否得到过他人的帮助、栽培或提拔。结果显示，90%中高层以上的管理者都受到过栽培和帮助，80%做到CEO级别的，都遇到过贵人，至于那些自己创业当老板的，都表示曾受到他人的提携和帮助。千里马重要，伯乐更重要，这就是贵人的魅力所在。

什么是贵人？就是可以帮助你少奋斗10年甚至20年的人。想取得事业的巨大成功，除了需要自身拥有较强的实力外，更需要贵人的帮助。美国好莱坞曾流行过这样一句话："你的成功与否不在于你是谁，而在于你认识谁。"

也许有一些人尚未懂得社交资源的重要价值与巨大作用，所以会认为，成功只能是靠自己，成事只能靠自己的本事。的确，成功确实需要靠自己去努力，但我们更应该认识到，想成功仅仅靠自己一个人的力量，是远远不够的。当今时代，早已不是靠一个人单枪匹马就足以闯天下的时代了。一个人即使再有能耐，其力量也是有限的，只有善于借助他人的力量，才能更快到达自己最想去的目的地。事实上，懂得借助各种高手的力量，来助自己达成大目标的人，更值得我们学习和效仿。

在各行各业中，其实都有这样的一些“高手”，他们本身也许不是什么大人物，但他们认识很多大人物，有着丰富的社交圈资源，他们可以借助一些贵人帮助自己做成很多大事。

例如，你要做成一件事情，就必须约到某位总裁商谈，但你不认识他，而在你的社交圈里，有一位朋友正好是这位总裁的助理，她虽然没有总裁的权利，但她可以创造让你见总裁的机会，这个人对你来说有着至关重要的作用。如果她能够助你促成这件事，那么这位总裁助理，就是你的贵人。

陈美娇大学刚毕业的时候，因屡次求职受挫，决定自主创业。一个月后，她在大学母校的门口开了一家化妆品店，由于没有经验，刚开始的半年里前来光顾的人屈指可数，半年之后她就被迫关门大吉了。

经过了一年的调研与总结教训之后，她又租下了那家店面，决定重新开始。开业那天，她给前20名来店里消费的顾客每人送了一张黄金贵宾卡，凭这张卡每月1号在店里购买任何产品都可以享受到6折优惠，打折的商品还可以享受折上折，但仅限于本人使用。

她将首批持有黄金贵宾卡的会员的资料都详细地记录了下来，每次有什么打折促销信息就第一时间发信息给她们。这些贵宾带着朋友们到她的店里消费，她又向这些新顾客发放早已准备好了的白金贵宾卡，这类顾客可以在享受9折优惠的基础上累计积分，凭积分可以在店里换取不同的奖品。

这家店营业到第四年时，正好赶上她的母校举行校庆活动。她的贵宾之一的姐夫就是该校的副校长，于是借了这股东风，陈美娇为学校提供了演出需要的全部彩妆用品。很多学生知道她是本校的师姐后，都对她的店铺更有感情了。为了回馈学弟学妹们对自己的支持，她会在每个假期都贴出招聘启事，为那些家境贫困的学生提供兼职机会。又过了几年，她已经同时在同城的好几所大学的门口开了分店，生意做得越来越兴隆。

谈起自己的生意经时，陈美娇说：“一个人的购买力是有限的，但她的朋友却是无限的。求职之初我也曾像许多人那样梦想着能有一个‘贵人’会赏识自己的才华，但现实告诉我只有用心去经营你的社交资源，才可能有机会去结识贵人，得到贵人的青睐。也正是因为这个原因让我更快地取得成功。”

原始社会是以部落的形式存在的，换句话说，因为人与人之间的紧密联系，使得人类日新月异地进步着。社会发展到今天，社交圈成了这个世界上最广泛的联系，通过一个又一个社交圈，你可以约到任何一个你想认识的人。在你的社交圈里，那些帮助你有效地传递出你的需求信息，并能及时得到大家的呼应，从而让更多的人前来帮助你、赏识你的人，是你生命中的贵人。如果陈美娇没有意识到这一点，她一定和众多创业者一样，在反反复复的困境中艰难前行，前途难卜。

贵人分为很多种，不一定位高权重，也不一定大富大贵，在生活中关心和照顾你的人，在事业上帮助和提携你的人，在人生路上鞭策、激励你的人，都是你的贵人。贵人可以很平凡，但一定是认为你是千里马，并赏识帮助你的人。

细读历史我们不难发现，那些最终成就大事业的人，往往都是因为他们在关键时刻总是有贵人在相助、提携、扶持。诸葛亮在意气风发的青年时期遇到了刘备，从此运筹帷幄，决胜千里；姜子牙用一生等待终于在垂暮之年遇到他的贵人姬昌。这些贵人在关键时刻助了他们一臂之力，免去不必要的摸索，减少不必要的困难，将泥泞变坦途！

懂得了这个道理后，你就不会再去抱怨类似于这样的问题：为什么你还在辛苦跑业务的时候，他总能签到大单？你还犹豫着创业还是打工的时候，他却混迹于知名企业家的圈子里？你为资金周转而焦头烂额的时候，他却轻松获得资金扶持？秘诀只有一个，他清楚社交资源的价值，他懂得社交经营的技巧，他有结识贵人的能力，与其羡慕不如行动，设计你的社交圈，寻找优质社交资源，提升自己、结交贵人，你才有可能少奋斗10年，早日达成你的目标，实现你的梦想。

关键性朋友是你不可多得的财富

如今，我们身边的大多数人都至少有一部智能手机，每部智能手机上几乎都安装有微信、微博、QQ等社交软件，每天看信息、发信息是人们的日常习惯。不知道你是否注意过这样一个现象，有的人几乎不怎么发微信朋友圈信息，只是充当着资深的“朋友圈潜水员”；有的人每天似乎总在微信朋友圈里“刷屏”，各类信息铺天盖地地发出来；也有的人会时不时地发一两条微信朋友圈信息，却让人挺难忘的。

微信作为一种我们日常聊天交流的工具，具备即时分享的功能，每个人看待它的角度都不一样，使得使用它的结果也不一样。那些滥发朋友圈信息、整天在微信朋友圈里“刷屏”的人，因为发的信息的内容价值很低，而让朋友们越来越厌烦。几乎不发微信朋友圈信息的人，则容易被人视为是高冷、难以接近之人。时不时能发一条令人难忘的朋友圈信息的人，既会给人一些神秘感，又能引起大家的兴趣，让人不自觉地想接近、了解。

每个人的微信朋友圈信息的内容都在“出卖”着自己，同时也在“推销”着自己，凭借这个窗口，朋友们能够了解你、认知你，分析你和他们是不是一类人，从而决定是否把你列入其社交圈资源中去。同样，你也扮演着这样的角色。既了解和判断别人，又被别人了解和判断；既选择别人，又被别人选择。这其实不仅仅是在微信朋友圈里，在我们现实中的方方面面，莫不如此。

通过前面的内容我们已经知道，拥有一笔丰富的社交圈资源，对于每个人来说都是不可多得的宝贵财富。但拥有这样一笔宝贵财富并不等于你就可以从中无限制地受益。社交资源犹如银行账户，每个人支取的次数是有限的，如果你从一个重要的人物那里频繁地支取资源，超过了一定界限，你就没有机会了。例如，你有一个亲戚，但凡有一点点小困难都去麻烦他，当你有一天遇到了大问题时，需要去寻找他帮忙了，他很可能会拒绝你。不要随随便便就去麻烦你的那些重要的人脉资源，尤其是你最重要的人脉，不到万不得已、不到关键时刻，你能不用就千万不要用。这是在经营社交圈的时候一定要注意的一点。

继续本节开头探讨的话题。微信朋友圈里的朋友有那么多，QQ上的朋友有那么多，手机通讯录里的朋友有那么多，到底哪一个才是对你来说最重要的社交圈呢？其实可以说都是，也可以说都不是。我们先不管微信朋友圈、QQ、手机通讯录，不妨先拿出一张空白A4纸来，然后在上面列一个名单，列出你认为生命中最重要的30个人。

30个人，说简单也简单，说复杂也复杂，因为这不是简单的罗列，而需要你去仔细地筛选。现在，请写下这几个词语：亲戚、同学、老乡、同事、客户……请不要嫌麻烦，把你的所有通讯录挨个看一遍，找出对你来说最关键、最重要的社交圈资源。你的工作、生活都和这些人密切相关，因为只要懂得怎么样借助关键性朋友的力量，未来的人生中，在你最需要的时候，他们会为你排忧解难。

给自己10分钟，或者更长的时间去筛选和记录。做完这件事之后，请继续往下看，这些名单会让你重新感悟，原来这些关键性朋友对你真的非常重要，或许因为和他们吃一顿饭，或者打一个电话，就可以解决你一直以为很难处理的难题。这就是社交圈里关键性朋友的重要作用。在平时，一定要经常和他们保持密切联系，经营和维护好这些重要的社交圈资源，他们就能成为你一生都取之不尽、用之不竭的宝贵财富!

一说到财富，很多人马上就会想到物质类的东西，比如钱、房子、车子等，往往看不见的财富才是永恒的财富，比如思想、学识、经验等。关键性朋友在他们各自的领域以及人生境地无疑都有一定的话语权及财富权，或许他们掌握着全球领先的核心科技，或许他们拥有超前的思维意识，或许他们的财富令常人无法企及。他们对于你的生活和工作都非常关键，无人能代替，因此这些关键性朋友从某种意义上来说和贵人一样，需要我们去经营、维护，是生命中优质的社交资源。

扩大我们的圈子并非易事，这当然需要勇气，也需要对生活充满想象力和好奇心。它拒绝恐惧和怀疑，要求我们互相倾听，认真发现，去寻找关键性朋友所在。值得肯定的是，在扩大你的社交圈后，你会与关键性朋友的生活相交，你们将在音乐、美食、高尔夫或者书法等领域达成共识，你也会发现生活更加丰富、充实、有意义，关键性朋友也会因为与你的互动体会到社交的美妙和快乐。

梳理完你的社交圈资源，重新审视了你的境遇和即将要做的事情后，现在请换一个角度，以你为核心，以不同的关系为纽带，画出不同的人际交往圈子。每个圈子之间肯定有重叠，重叠的部分越多，说明你的社交关系越密切；而圈子越大，就意味着你的社会能量越大；你在圈子中位置越关键，就说明你对大家越重要，越是核心人物。

这很容易理解，但却不好实现，不是每个人通过自己的行动都可以达成自己想要的目标。所以，分析自己并制定出切实可行的计划非常重要。例如，当你进入职场后，你将不可避免地走进职场社交圈里。在这个圈子里，有上司、同事、下属、猎头等形形色色的人。为了经营好这个圈子，你要尊重你的上司，关怀你的下属，友善对待你的同事，巧妙利用猎头，让他们成为你升职加薪、笑傲职场的资本和助力。

假如你是一名创业者，更要发现你的关键性朋友。因为身边的每一个人、每一个环节对你来说都至关重要。在这个圈子里，很可能会有你的合伙人、媒体朋友等，他们从某种程度都是你的关键性朋友。你需要“套牢”你的股东，回馈你的员工，辩证看待你的竞争对手，尽力迎合你的客户，还要善于与媒体人士打交道。这样才能让你的事业顺风顺水、日益壮大。

如果你是一个在普通岗位工作的普通人，也请用心发现并维护好你的关键性朋友，记得与你的挚友同甘共苦，不忘帮助落难的朋友，与你的知己心心相印，与同窗肝胆相照、坦诚相交，与你的爱人亲密相处……

无论你想实现什么样的大梦想，成就什么样的大事业，达成什么样的大目标，其实都离不开关键性朋友，或者说贵人们的鼎力相助。要维护和经营好关键性朋友这类社交圈资源，你要花费大量的时间、精力甚至金钱。具体怎么做，本书里有很多内容都有提到，这里就不赘述了。

总之，经营好你的关键性朋友，是经营社交圈非常重要的内容，他在你的生活、工作，乃至一生中所发挥的作用，是非常关键的。

深度开发社交资源，扩展高质量社交关系

经常听到有朋友抱怨："我的社交圈很小，扳着指头数也就那么几个朋友，就算遇到困难他们想帮我忙，也是有心无力。"有这样疑惑的人恐怕还不是少数。那么，我想问一问，你的朋友也许只有那么几个，但你朋友的朋友呢？他们一定不会只有你一个朋友的，为什么不把他们的朋友发展成为你的朋友呢？也许他们的朋友正是你要苦苦寻找能帮助到你的人。当你认识越来越多这样的朋友时，你自然就不会身陷孤立无援的境地了。

朋友不仅仅是和我们相识的人，更是我们得以认识新朋友的桥梁和纽带。想想看，我们能够在不同的场合认识不同的新朋友，有多少是通过我们自己的能力认识的？恐怕屈指可数，大多数新朋友的结识其实都离不开老朋友的引荐。在一个社交场合，我们遇见了老朋友，他们通常都会介绍身边的朋友给我们认识，这些人一回生二回熟，很快就变成了我们的朋友。长此以往，我们的社交圈就会像滚雪球那样越滚越大。

朋友的作用是超乎我们想象的，如果能够顺着这条思路走下去，通过老朋友结识新朋友，把朋友的朋友变成自己的朋友，我们就再也不用因为没有贵人相助而觉得"上天无门，入地无路"了，因为无论我们做什么事，都会有那个"关口"的朋友为我们提供帮助。

事实上，通过朋友认识朋友是一条拓展我们社交圈的最便捷有效的途径，毕竟我们和朋友有交情，彼此之间不必花费大量的时间、精力等去培养感情，何况有朋友做中间人，大家的交往会多一层信任，这种友谊也会让我们更加放心。既然如此，我们又何乐而不为呢？

程皓经常听到朋友感慨："那个只会做饭的萧迪凭什么就当上了一家大公司的老板了呢？"语气中能听出一种不服气的感觉，但这也可以折射出萧迪的成功诀窍：虽然没有什么技术，没有多少资金，只会做得一手好饭，但萧迪恰好就是成功了，因为他凭借着完美的厨艺将一帮朋友笼络在他的周围，成了他节节攀升的基石和助力。

刚开始时，他的社交圈里也没有几个朋友，看来看去也就是周围的几个老乡和老同学。不过，每个周末大家都会到他的宿舍去品尝他的厨艺。在他"露两手"的过程中，越来越多的人喜欢上了吃他的好菜，加上萧迪的真诚邀请，于是来吃饭的人越来越多。以厨艺为媒介，萧迪结识了一大帮朋友。

在聚餐的时候，心情郁闷的萧迪向朋友们说出了想辞职自己当老板的打算。当时，他一说完马上就得到了朋友们的支持，大家给他提了很多切实可行的建议，有朋友还帮助他敲定了他能做的很适合他的餐饮项目。在项目运营过程中，又有朋友为他提供了资金等方面的支持，让他创业的起步要比其他人轻松许多。

后来萧迪每次遇到困难的时候，总会有朋友出手相助，一次又一次地把他从失败的边缘拉了回来。如今，他的公司逐渐成了规模，步入了正轨。在过去这段创业历程中，每一步都有朋友的帮助，这让他有了坚强的后盾，给予了他满满的走下去的勇气。

你可以认为萧迪是"有舍必有得"，你也可以认为，他脑子灵活，为人热情，因此才有这样的幸运。其实这个世界是很公平的，很多时候，之所以别人拥有而你没有，不是你不能，而是你不愿意。萧迪愿意以厨艺为媒介主动去结识五湖四海的朋友，愿意通过老朋友去结识新的朋友，愿意把朋友的朋友变成自己的朋友，愿意让自己的社交圈不断优化并且扩大，所以，他交上了好运。你和他的区别就在于你没有去争取朋友的朋友，没有想过把朋友的朋友变成能够给予你鼎力相助的贵人，因此也就无法得到所谓的“老天爷的眷顾”了。

社交圈资源是一种特殊的资源，它不会像其他资源开发利用后其价值就转移到了新的产品或成果之中。社交圈资源可以多次利用、深度开发，不仅能够创造出价值，而且其自身价值也能不断地提高。对社交圈资源进行深度开发，是构建丰厚而高效的社交圈资源的重要手段。那么，怎样才能通过朋友去认识新的朋友，然后将朋友的朋友归入到你的社交圈里呢？

1.没有条件就创造条件

天上不会掉馅饼。能对你日后提供各种帮助的所谓的“贵人”，不会无缘无故就主动来到你的面前，你需要创造条件，主动认识朋友中的关键性朋友，让朋友介绍更多的朋友给你，而你需要种下一颗友谊的种子，然后细心呵护其成长，将朋友的朋友的朋友再发展成你的好朋友，如此一来，你想要找谁，只需要寻找关键性朋友，通过他去认识你的目标人物。六度分隔理论告诉我们，你与贵人的距离不超过6个人。梳理一下你的社交圈资源，找出最能帮你结识贵人的那个人，然后创造条件去实现你的目标。当朋友邀请我们去参加聚会时，如果有时间一定要去。通常在非正式的、轻松的环境中，认识朋友的朋友的机会更多，也更容易与朋友的朋友成为朋友。

2.充分发挥朋友的作用

你为什么要结识各行各业的朋友？是为了构建你的社交圈资源对不对？既然如此，和朋友进行有效的互动，并通过朋友去认识更多的朋友。主动地向大家介绍自己，通过朋友了解你想认识的人的爱好、性格等相关情况，以便更好地与对方交往，进而提升你的社交圈资源的价值。

3.所有的人际交往都要用心经营

一朵花能够灿烂地盛开，离不开园丁的精心呵护，同样，有价值的社交资源离不开你的用心培养。与朋友进行交往的过程中，需要你的主动和热心，与朋友的朋友进行交往更是如此；否则，不仅与朋友的朋友成不了朋友，就连原有的朋友也很可能会交恶。这一点，萧迪是我们的榜样，发现你的资源，挖掘你的资源，以此为媒介，让更多的朋友融入进来，你便可以让自己变得更加强大。

六度分隔理论告诉我们，不仅是朋友的朋友，其实就连完全不搭边的陌生人，只要你愿意，也可以和他们搭上关系，不超过6个人，你就可以认识你想认识的人。你还有什么人不能认识呢？还有什么样的贵人结交不到呢？不要为自己的懒惰和退缩寻找借口，通过朋友结识新朋友，把朋友的朋友变成自己的朋友，是每一个人搭建自己庞大的社交圈的行之有效的方法之一。

有心人离贵人最近

春节期间，李娟在小学同学聚会上遇到了好久不见的同学丁兰。两人见面后就热络地和对方聊起往事。李娟发现岁月的沧桑没有在丁兰的脸上留下痕迹，相反，丁兰精神奕奕、光彩照人，举止优雅、谈吐大方。李娟感慨之余，问起丁兰的生活状况，得知她是本地工厂的办公室主任。李娟不禁很羡慕，丁兰默默说起了当年的奋斗史。那年，丁兰只是一位女工，但她很上进，利用闲余的时间努力学习英语。她还骑自行车经过武汉长江大桥，到桥对岸的英语班去学英语。每天如此，风雨无阻，两年后她的英语水平如愿以偿得到了提升。后来，车间主任拿来一张图纸，上面都是德文，所有人都看不懂。她又暗暗决定学习德语。三年后，她成了全单位唯一一个掌握两门外语的人。当荷兰的工程师来到丁兰的单位做项目时，她毛遂自荐，凭借出色的外语能力得到工程师的认可，顺利成了工程师的助手。后来，在单位拿到大型项目时，她游刃有余地翻译了相关文件，没过几年，丁兰凭借出色的能力升职为办公室主任。

机会往往垂青于那些有准备的人。不但在储备学识和技能上要成为一个有心人，在人际交往中同样也要成为一个有心人。只有你用心准备了，在真正需要的时候，你才可能厚积薄发。这些看似不经意的表现，在贵人的眼里却是综合素养的展示，他们会因此而眼前一亮，也会对你产生好感，这在你们以后的交往中对你是非常有利的。

六度分隔理论表明，你和世界上的任何一个人之间只隔着6个人，不管你和这些人身处何处，在哪个国家，是哪类人种，是何种肤色。而构成这个奇妙链条中的第二个人，也许是你的父母，也许是你的大学同学，也许是办公室里每天和你并肩奋战的同事……这说明你和贵人之间只差着6个人的距离。作为起始点的你，你身边的任何一个人都可能是那个“第二个人”，只要你用心和周围的人相处，他们都会是你社交资源里的“潜力股”。

这样说来，社交广泛的人很容易遇到贵人，可是社交狭窄的人遇到贵人的概率却大打折扣。如何扩大自己的社交圈呢？这里有几个小妙招你可以试试：

1.走出“人际舒适圈”

以前的同学、校友、朋友，包括你现在的同事、邻居，他们都是你社交圈中的一员。主动参加他们组织的聚会，或者邀请朋友，自己组织一场聚会。如果你性格内向，参加人数多的活动会拘谨，你不妨约上你的好朋友，再叫几个他认识的朋友一起吃顿饭。一顿饭的时间你能轻松认识几个人，隔段时间再次相聚，你们就会从相识升级为朋友。待下次聚会，他们可能会带来你不认识的朋友，长此以往，你还担心你的社交资源不够丰富吗？

2.定期整理联系人

现在请拿出手机，打开通讯录，想想你认识并有密切联系的人，仔细回忆他是一个什么样的人，有什么样的兴趣爱好。在回忆时确定这些爱好是不是与你的特长不谋而合。每个人有着不同的生活方式和爱好，想与一个人友好地相处，可以从兴趣爱好入手。可以多约对方出来玩玩，例如可以约对方一起打球、逛街，或者适当地登门造访。良好的关系需要去维护，平时需要多联系，就如一壶热水，要让它不降低温度就需要不定时地加热。

3.提升自己的朋友的质量

交际广泛的人拥有以下特质：在生活中要有积极乐观的生活态度，凡事保持正面思考；在工作上要学有专精、力争上游；在交往中善解人意、乐于助人……与具备这些特质的人交往时，他们身上的正能量会感染你，引导你保持积极向上的心态，同时相处过程中不会令他人感到难堪。人际关系需要积累，但是只有在彼此交往的过程中，你才能认清他是一个什么样的人。扩大交际圈切忌不能盲目地随意交友，你需要去辨认一个人的道德品质，千万不能和一些违法乱纪的人相处。

人际交往切不可太功利。生活中最忌讳交友目的性太强，不能每一件事、每一次交往都用利益来衡量。“今天这顿饭花了我600元，下次得让他请我吃1000元以上的。”“上次送了一份价值2000元的礼，这么长时间也没有从他身上得到什么。”诸如此类的想法都是非常危险的信号，它将对你的人际交往起到消极的作用。如果在交往过程中你发现他不能带给你想要的利益，就怠慢他，你可能错过一位情感真挚的朋友。大胆走出你的交际圈，多去认识朋友，学会真诚待人，不持有偏见，那么源源不断的社交资源就会涌入你的社交圈，大大增加你遇到贵人的概率。

小许之前是一位普通的公务员，在一个平凡的岗位上默默无闻地工作了近十年，却依然成绩平平。工作之余，小许喜欢结交朋友、喜欢骑马、喜欢旅游、喜欢品红酒……这些兴趣爱好让他认识了不少的朋友，因此尽管前途一时黯淡，可生活倒也过得有滋有味。

在他诸多的朋友当中，有一个同样喜欢品红酒的朋友——亚雷。有一天他突然告诉小许，说他舅舅缺一个助理，问小许愿不愿意过去。小许一问才知道，亚雷的舅舅是某集团的董事长。一个实力强劲的集团的董事长助理，这一切让小许有点做梦的感觉，他不假思索地答应了。就这样，小许成了某大型企业集团的董事长助理，这个身份对于他未来的发展来说，无异于大有裨益。

不难发现，成功的人大多都拥有着强大的社交圈。他们的圈子由不同的朋友组成，他们在不同的行业，有不同的特长、不同的社会角色……之所以能称为“圈”，就是说，这些朋友和你之间的联系有点有面。

打个比方，如果一个人交际有限，你要找他联系一个人，他翻开电话本，勉为其难地帮你联系的几个人可能都是丝毫帮不上忙的。相反，如果一个人交际广泛，那么他很可能在你需要时给你帮助。

交往越广泛，机会就越多。有许多机遇就是在朋友的交往之中出现的，有时甚至是在不经意间出现的。因此，你要成为一个有心人，有心让自己具备结识贵人的能力，有心主动去结识贵人，有心凭借自己的特长让贵人赏识和信任，有心通过贵人为自己谋划一个优质的人生。否则即便贵人就在你的身边，也看不到你身上的光环。所谓“你若盛开，蝴蝶自来”，首先让自己盛开，用你的才华、热情、真诚去吸引贵人的到来，这样你才能收获幸运，成就自我。

自身没有实力，贵人也帮不了你

很多善于经营社交圈的成功人士认为，人与人之间的交往是可以实现利益互换的。但是，他们指出想要实现自己的目标，仅仅靠人脉是没有用的。实现梦想的关键在于你的自身实力，贵人只能起到辅助性作用，不能成为决定性因素。如果你想创造财富，请先创造价值；欲借贵人之力成就自己，请先提升自己的实力。

在这个世界上只有不到10%的人明白自己存在于这个世界的意义，这类人对自己和他人都有着清晰的认知，并能为了自己的目标矢志不渝地努力。因此，你想要在某一领域取得傲人的成绩，先要使得自身实力达到一定的高度。首先，明确自己要达到的目标是什么。做事之前你需要了解自己的目标与方向，没有目标就如同无头苍蝇乱窜，白白浪费了精力和时间却毫无进展。其次，提升自己的综合实力。当你树立了明确的目标，就清楚自己的发展方向，围绕此目标与方向去提升自己的综合素质与能力，构建自己的核心竞争力，成为一个有实力的人。

古人云："三人行，必有我师焉。"身处同一个行业，必然会遇到各种各样优秀的人才，平时多结交同行业的朋友，不仅能让你第一时间了解到行业内的最新资讯，也能与他们共同探讨该行业的未来发展方向。与同行业的朋友相处，总能让你从他身上学会一些新的知识，这可能是你埋头骨干一辈子也未能领悟到的知识点。

扩展交际圈有一个重大的误区就是盲目地参加各种派对，急于递交名片结交大量的朋友。这个做法对于你拓展交际圈没有什么实质性的用处。花大量的时间在这些无效交际上，想靠贵人帮助你就如同天方夜谭，自身没有过硬的实力，有贵人相助也是无济于事。

一个人的成功，往往能体现他自身的实力。实力越强大，他创造的价值就越高。你要做的就是先学会吃苦。多吃点苦，日后必定能厚积薄发。理解这一点不难，难的是你能否做到。大多数人都不愿意吃苦。这样的想法使得即使有贵人来帮你，你创造的价值也是大打折扣。

善于经营人脉的成功人士都乐于吃苦、去吃应该吃的亏，因为吃这样的亏，其实就是让自己在将来有机会成功。

一天，好友刘沛跟我发牢骚说，他们单位新来的领导真是太讨厌了，自从找他谈了一次心后，就开始给他无休无止地分派任务。有些工作任务明明完全与他无关，却还是让他去做。例如，去给客户送礼，去订飞机票，去整理加工资料，去外出采购东西等等，这些事情做起来很浪费时间，对自己的工作技能也没有什么提升。

我听了以后，不但没有替他感到不值，反而替他高兴。我对他说：“这是多么难得的好事啊！领导之所以这么做是因为他欣赏你、器重你，他为什么没有将这些事情分派给别人，就是因为信任你，觉得你做事踏实认真，为人可靠，值得信赖，这样的人正是领导最需要的。”

古人常说："吃亏是福。"有些人对此不理解、不认同，认为这不过是古人不懂变通，安慰他人的一种说辞罢了。事实上，每一个真正取得成功的人，从不会把幻想寄托在他人身上，而是多付出、多积累，在贵人来临之前，已吃够苦、储备够实力，等待顺势而为。

主动为对方付出，对方才会主动予你帮助

曾经有一首歌里有这样一句歌词：“千里难寻是朋友，朋友多了路好走。”中国有句古话说：“在家靠父母，出门靠朋友。”朋友对于每一个人来说意义都是非凡的，尤其是那些能够在关键时刻帮你一把，甚至让你的命运彻底改变的朋友。

好朋友，能在我们精神萎靡时给予鼓舞，在心灵受伤时给予温暖的安慰；好朋友，能成为你生活与工作上的好帮手、好参谋。在你遇到困难时，一个好朋友甚至是普通朋友能成为你的贵人，是因为你已经获得他们的信任和欣赏，他们愿意为你提供帮助，助你摆脱困境。

有的人声称朋友无数，可一遇到困境时，朋友却各自走散了。究竟是什么原因导致了这种局面呢？主要是这种人不受朋友真心欢迎，彼此间的交往只是表面层次的，属于点头之交，而不是从内心被人所赞赏和信任的。因为这类人并没有用诚恳的态度与用心的付出去打动别人，而是目的性太强且只爱占便宜不愿意吃哪怕一点点亏，故很难获得别人的信任，更别说让别人愿意为他们提供帮助了。而那些能够抓住朋友的心、赢得贵人信任的人，都是一些愿意时不时地主动为朋友们付出的人，无论这个朋友会不会成为自己的贵人。

我们都知道一个常识：当你双腿并拢的时候左右摇晃自己的身体，你会感觉很容易失去平衡；当双腿分开到一定的距离后再摇晃自己的身体，你会感觉保持身体的平衡其实很容易。

这个小常识告诉我们，你的延展度决定了你的安全感。这些“延展度”除了专业技能、学识、经验、阅历外，就是你的社交圈了。每个人都不能没有朋友，而想要功成名就，则离不开贵人的鼎力相助。人是一种群居性动物，离不开社会性活动。朋友，是我们生命中看不见的财富；贵人，是能帮助我们改变命运的关键力量。如果一个人没有朋友，他将失去很多人生乐趣；如果一个人没有贵人相助，他将失去很多机会。

美国著名作家海明威的朋友中，有政治家、音乐家、作家、画家、医生、教师、老板、工人、警察、拳师、花匠、店员、司机、厨师、家庭妇女等等。为什么他能有那么多朋友呢？是因为他对任何人都真诚，愿意对别人好，努力做到双赢。在人际交往中，实现双赢无疑是最好的交往模式。只有双赢，社交圈才能良性地延续下去，彼此做长久的朋友。

想获得朋友的信任和赞赏，想赢得贵人的鼎力相助，就必须学会经常地主动为他们付出。这其实也是一种投资，而且是一种比金钱投资还要重要的友情投资。在投资和付出的过程中，其实你也正悄悄地收获朋友的信任和贵人的欣赏，这都是你不可估量的巨大财富。

有这样一个有趣的实验。往水库中放10个鱼苗时，如果一瓢舀下去，这10个鱼苗从放入水库到长大被捕捉时为止，是不会轻易离散的。如果放100个鱼苗，那么只要它们不死，就始终是在一起生活的，它们既不轻易吸收其他的鱼进入这个生活圈子，也不会有任何一条鱼轻易脱离它的生活圈子。因此由最初的信赖建立起来的安全感将伴随着它们的一生，这也是鱼群生存中体现的双赢。

人类在这一点上和鱼群非常相似。一个年轻人走进社会后，在三五年内便会建立一个朋友圈子。这个最初建立起来的朋友圈子将是他一生交往和主要活动的范围。每一个人在建立朋友圈子时必然带着一定的特点和倾向性，因此，他选择的朋友一般都要适应他的基本情况，这种朋友圈子高有高的标准，低有低的条件，但最基本的一条必定是志趣相投。古代有桃园三结义、梁山泊英雄、瓦岗寨好汉、竹林七贤等，这种圈子经过三五年的生活考验后便基本会稳定下来，然后就是一辈子的朋友了。

这些稳定下来的朋友圈就好比是那一瓢鱼。他们之间的优点、缺点、生性、脾气、品质、情操等，彼此都十分了解。自己有了困难，知道圈子里的人会帮助他，别人有困难自己也会尽力帮忙。

在这些社交圈里，平时吵吵闹闹、磕磕碰碰、争东夺西的现象也是经常发生的，但绝不会像外人一样记仇。他们大都利益一致，齐心协力，同甘共苦，在这个双赢的过程里，彼此的友谊也将更加的牢固和持久。

如果你也有这样的圈子，一定要懂得好好经营，因为改变你命运、助你功成名就的关键性朋友，也就是你的贵人，很可能就在这里面。

把事做到对方心坎上，你将事半功倍

我一直记得一位老领导经常说这样一句话：“事情要干就尽可能干得漂漂亮亮的，干到上面认可、下面满意。”很多时候，想让一件事情办得皆大欢喜，那可真是不容易。很多时候，只要尽心，还是有可能把事情干得漂漂亮亮、皆大欢喜的。其实有时候这也不见得有多难，只不过是“为他人着想，把事做到对方心坎上”而已。

于莉是一家外企的销售人员，一次，客户要求他们公司在递交产品方案时要降低成本。如果不能满足要求，该公司将无法成为供应商。于是，她反复斟酌，提交了一个方案给老板定夺。不料，方案很快被老板否决。原因是，这会影响中国以外市场的价格水平，不能因为这一家客户影响全球市场。这时，在于莉面前似乎只有两个选择：一个是坚持己见，但是老板可能会用相同的理由否决她；另一个是听老板的话，但这样她就会丢失最重要的客户，今后的工作很难开展。在她看来，这两个选择都是失败。

于莉找机会和老板预约了一个小时的会议。她准备好需要的材料，在会上阐明了自己的观点，说明这个客户对中国市场以及她今后工作的重要性。会上讨论很激烈，争论的结果是他们找到了第3种办法——一种很好的折中方案：

在满足客户要求的同时，尽量减小对海外市场的影响。于莉也尽力向客户解释他们的方案，说服客户接受；而她的老板则会努力去平衡其他市场。

和领导产生分歧的时候，要设法和领导沟通，理解领导的同时，也要争取获得对方的充分理解，找到双方都能接受的办法。有时领导总揽全局，又有丰富的经验，而员工仅仅是公司的一个“零件”，所以下属也要学会站在领导的角度和层面去看问题。

从领导的角度考虑问题，还必须跳出个人的小圈子，公私兼顾，把握全局，千万不要感情用事，而要以一颗公正的心，理智地看待问题，理解领导的真正意图。

任何决心要有所成就的人，都决不会为了图自己一时的利益而不顾别人的感受；相反，他们总能站在对方的立场，方方面面加以权衡，尽可能想得周全，做得周到，如此一来，也就有了皆大欢喜的结局了。

蒙牛集团曾经的董事长牛根生说：“要想知道，打个颠倒。”换个角度去考虑问题，你会收获不同的结果。想要赢得贵人的鼎力相助，也是同理。为此，你需要根据你交往的经验来判断贵人的性格、喜好、做事风格等等，这些都要尽可能地掌握，只有这样，你才能把话说到他心窝里，把事办到他的心坎上。

如果想要和贵人成为朋友，首先要主动去了解贵人的生活习惯、兴趣爱好。每个人面对着陌生人都会保持着警惕性，然而有些时候，一个兴趣相投的话题就能瞬间打开一个人的心扉。若想巧妙地抛出对方感兴趣的话题，你就要多做准备工作了。

事情要办到贵人的心坎上，需要一些技巧，下面几点建议可作参考：

1.兴趣是最好的黏合剂

贵人喜欢书法，你也喜欢书法；贵人喜欢打高尔夫球，你也喜欢打高尔夫球；贵人喜欢抽雪茄，恰好你也喜欢抽雪茄……当两个人兴趣一致时，彼此的距离会大大缩小。如此一来，你有需要帮忙的地方，他会非常乐意相助。当然，还有一种情况，贵人的喜好并不是你的兴趣，那么如果有必要，你也可以学啊。多培养一个爱好，多学习一些技能有什么不好，何况因此多结识一位贵人，你又何乐而不为呢？

2.合作共赢是目标

如果为了单纯去办一件事结识一个贵人，实乃目光短浅之举。与贵人成为好朋友，实现合作共赢才是经营社交的终极目标。

3.友谊地久天长

生活中常常会见到这样一类人，在需要帮忙的时候，对朋友格外殷勤热情，当事情办完了，马上过河拆桥，再见不得他的半点好，目光短浅、见利忘义是经营社交资源的大忌。本书前面提及，社交资源的本质是价值传递，只有互相传递价值才能持久。在贵人需要的时候，传递你的有效价值，话说到心坎上，事做到心坎上，情传到心坎上，才能牢牢维系彼此的关系，长久来往。

贵人也像你我一样需要朋友，需要情感诉求，不必刻意强求，只做平常的自己，真诚交往，做他优质的朋友，你的社交资源就会因此不断优化，人生的境遇也会渐渐得以升华。

筛选资源，现在就找出你的贵人

关键性朋友，也就是社交圈里的“核心人物”，就是你的贵人。无论我们身处哪一个行业，身处何种境遇，都离不开朋友的扶持，都离不开贵人的鼎力相助。

俗话说：“七分努力，三分机会。”有了贵人提携，不仅能缩短我们成功的时间，还能提升我们收获成功的概率。而很多令人羡慕的成功人士之所以能成功，与他们能得到贵人的帮助有着密切的关系。在人际交往中，多结识几个“核心人物”，不但能拓展我们的社交圈，还能提升我们社交圈的质量与层次。那么，具体来说谁是我们的“核心人物”呢？具备什么样的特征就可以算是“核心人物”呢？

1.具有较高社会地位的人

在现实生活中，当我们说到某某某具有较高的社会地位时，其判断标准主要有以下三项：

一看经济实力，以财富和收入来衡量；

二看行政能力，以组织权力等级来划分；

三看专业声望，以专业能力来衡量。

首先，我们应该分析清楚自己的价值取向和奋斗方向，然后再有针对性地去调整我们的社交方案。如果我们有创业的计划，不妨参加商界成功人士的讲座；如果我们想进行科学研发，要多去请教该领域中专业声望较高的人……核心人物的资历和社会地位足以成为你的导师、贵人，他们将是你的领路人。

2.能够联结、融通各种社交圈的人

在生活中，有一些人堪称“办事高手”。这些人都有一个共同的特征：内部外部都掌握许多人事“通道”。他们本身可能不是什么大人物，但他们认识很多大人物，依靠这些社交资源能够做成某些事情。例如总裁助理，他虽然没有总裁的权力，但他可以决定你能否见到总裁，这时候他就成了你社交圈里的重要人物。

在一个特定的社交关系圈里，人脉最广的人往往都是那些创始人、组织者以及最积极的参与者，这些人的影响力不仅表现在社交圈形成的过程中，还体现在社交圈稳定之后的持续扩张上。这些人将会为你的社交圈带来不可预估的良好效应。

3.结交高质量的人

有句话说得好：“最好的不一定是最合适的，但合适的一定是最好的。”有些人虽然认识某某领域里许多颇具影响力的人，但是事业上仍然没有什么起色。究其原因，是因为他没有结交高质量的人。所谓高质量的人是指那些在学业、专业、行业等方面对你有重要影响和帮助的人。这是通过社交圈资源的力量快速获得成功的关键。这些人不仅是你不断前进的推动力，更是你的良师益友。懂得了这些，你就不会再像过去那样，漫无目的地到处参加社交，最后白白浪费提升自己的机会。

了解以上3个特征后，在经营社交圈时，就要找出你的“核心人物”。在职场上有很多精英圈，为了便于行业内的工作交流，都实行一种严标准、高要求的准入制度。他们追求的是社交的质量。如果你的条件“不够格”，就很难加入这些圈子。这并非是一种炫耀，而是通过这种方法避免那种徒有其表、华而不实的中空社交圈。只有在优质高效的社交圈里，你才能发现并且结识更优质高效的朋友。同时，你只有具备了一定的能力，才有机会进入有核心人物的社交圈里，你才有可能为自己找到决定成败的关键人物。

张超大学毕业后并没有像他的同学那样，到待遇不错的国企或者外企去上班，而是在上海一个高级休闲俱乐部当一名行政助理。

这一职位对工作能力要求极高。张超明白只要干好手头的工作，这份工作能使他快速成长。为此，张超开始为他的未来拼搏。刚开始时，他认真帮领导整理会议资料，负责协调各部门的工作安排。在他入职前的同事办公效率极高，他偷偷观察同事的工作方法，学会用“四分法”提高工作效率。领导让他试着举办一次俱乐部的活动，张超跑前跑后，遇到实在解决不了的困难就主动请教同事，一一化解难题。

后来，由于张超出色的工作能力，一直高升到市场总监。在此期间，张超成功举办过数十场大型休闲运动赛事，招待过许多世界男子网球名将。张超的工作能力获得很多大型企业的青睐，没过几年张超离开俱乐部，成功入职世界五百强企业。

张超的经历很值得大家深思。如果你也想让自己的未来拥有一个好前途，请现在就开始主动去结识一些朋友，学会向朋友展示自己的能力，因为那些朋友往往都有着质量颇高的社交圈资源。多结识一位朋友，你就有可能走进了一个优质的社交圈，等于你结识了很多个朋友。当你凭借自己的能力融入其中，适时向他们借力后，你想不成功都难。

确定好自己的目标后，你就要一边不断提升自己的能力，一边不断地在社交圈中去寻找和发现那些贵人，那些未来能给你很大助力的朋友。如果你觉得贵人离你很远，你认识不了他们？不用担心，六度分隔理论能给你足够的信心，保证你能很容易结识他们。是的，他们离你其实并不远！

Chapter 3

与优秀者为伍，拓宽你的社交圈

成长靠自己，成事靠朋友

时间对每个人来说都是平等的，你可以抱怨自己没有出生在一个富裕的家庭，也可以抱怨自己的周围没有贵人，但你还可以用时间和勤奋来掌控自己的生命，去创造奇迹。

每个人在成长路上其实都有很多机会可以创造奇迹，有些人确实是这样做了，于是创造出了很多伟大的成就。但也有些人却在成长路上，荒废了时间，浪费了青春，最终庸庸碌碌，一事无成。还有一些人，什么也不做，整天就幻想着那些幸运的花环会降落在自己的头上，幻想着在自己困难的时候会有人来帮自己一把、扶自己一下，这些不切实际的幻想，终会被残酷的现实打个粉碎。

朱林毕业后雄心勃勃地创业，开了一家外贸公司，发誓要干出一番大事业。然而朱林开始运营时，大大小小的问题接踵而来。朱林一不懂英语，二不懂生产，三不懂开拓市场。他不认真去学习、处理工作的内容，只知道流连于饭局，到处结交生意人。工作上出了问题，他只懂得一味地把问题推到周围人身上。他抱怨国外的客户对产品的质量要求太高，抱怨代工厂生产效率太低，抱怨公司销售业绩不好，抱怨市场不理想……最后，朱林把公司经营得一塌糊涂，入不敷出。没过多久，朱林无法适应这个行业，就申请公司破产了。

朱林最大的弊病在于不了解自己，一不懂英语，二不懂生产，三不懂开拓市场。对于陌生的行业，朱林不去主动学习业务上的知识，提高自己的工作能力，只想借助饭局上的人脉，这很难成事的。朱林自己对这一行业什么都不懂，完全是抱着一腔热血，就一头扎进来了。更可怕的是，他还没有积极地开拓市场。所以，最后他不失败谁失败呢？！一个人必须要了解自己，盘点自己所拥有的，看看自己能借助的力量和资源都有哪些，然后用对的方法去做对的事情，才能得到一个好的结果。

人贵有自知之明，只有了解自己的优势和短板之后，才能理智地做出选择。绝大多数时候，只有“顺势而为”，顺着自己的优势和特长去做喜欢做的事情，术业有专攻，才会取得很好的成绩，才能经营好社交资源。社交的本质是价值的传递。在你想通过社交圈来达成自己的目标时，首先要问自己的是：我能给对方什么？

近年来，这句话在职场里很流行：成长靠自己，成事靠朋友。正所谓“你若盛开，蝴蝶自来”，当你的实力和价值在不断地获得提升的时候，你交往的圈子和结识的朋友的质量也会因此而提升。

朋友对了，路就顺了；圈子对了，事就成了。但这个前提是首先你要有成就大事的信心和必备条件，比如优秀的品质、惊人的才华以及一个切实可行的目标。因此，大家才会说，成长靠自己，成功靠朋友。

既然是靠朋友，那么为人处世就显得非常重要了。于是，设计和打造一个能给你提供巨大助力的社交圈，是你必须要完成的一门功课。这基于你对他人心理的把握，掌握与人相处的规律，只要遵从人类内心活动的规律，用心理学规律去规范和指导自己的行为，就会营造良好的人际交往氛围，达到满意的人际交往效果。当你传递你的有效价值时，对方会欣赏你、接纳你、信任你，为你以后的事业的提升打下良好的基础。观察他人于无形中，并轻松掌握他人的情绪按钮，当你能主导别人的心理和情绪后，别人就会心甘情愿地帮助你达成你的目标。

社交圈是设计出来的。从完善自己的内心世界，强大自身能量，到与他人接触过程中占据主动性，在该“进攻”的时候“进攻”，该“防御”的时候“防御”，每一步都需要训练！只要懂得设计，所有人都是成就你的贵人，而你自己就是自我生命的掌控者！

这些道理、法则，王海有着深刻的认识。18岁时，他只身来到大庆打拼，一个偶然的机会接触到了汽车修理这个行业，从此改变了他一生的命运。

王海特别能干，那些苦活、累活、脏活，别人看不上的活，他都争着抢着去做，加上肯动脑筋去钻研，只用了45天他便出师了！据当时修理厂的老板讲，这都是历史上从来没有过的事儿。

一年后，19岁的王海被送到北京学习。在很短的时间内，他便一举拿下了微型车修理的证书，学成后工资又翻了一番。做学徒工时他每月只挣2500元，后来成了拿7000多元的师傅，换了很多人可能就已经满足了，但王海却仍在努力改变。

来大庆的第6个年头，王海不甘心拿几千元的工资了，他想自己做生意。想做就去做，但因为被人排挤，合伙失败，他赔掉了几年来所有的积蓄。后来，为了成功地开一家属于自己的小店，王海进行了大量的调研，最后开了一家专门经营汽车用品的商店。七拼八凑借来的钱在付完房租后就所剩无几了。没钱进货，王海找到了经营汽车用品的经销商，费尽了唇舌，终于赊来了一些货。

五年后，通过一番费心经营，他已经在大庆开了7家连锁店。他成功的秘诀是什么呢？是努力和朋友。

王海说：“自古以来，人们对生意人的评价都是重利轻义，我不这么认为，朋友永远是最宝贵的财富，经济利益只是暂时的，拥有良好的人际关系和结交一些好朋友才是最重要的。前者能给我带来生活上的舒适，而后者能让我精神愉悦，所以我经商的作风向来是把‘义’字放在第一位，利要向后排。其实这样做的结果往往是‘名利双收’，何乐而不为呢？”

师傅技术上的指点、朋友精神上的鼓励、好友困难时候无私的帮助……王海认为，这些来自朋友的帮助，是他做生意获得成功最重要的因素。朋友，是王海闯荡商海最大的收获。

人作为群体生存的动物，从来到这个世界开始就与人合作，与父母、老师、同学，与诸多跟自己相关的人和事，正是在这样那样的合作中，自己的价值才会不断地得到提升，其价值才会被诸多方面的人所认可。如果你无法赢得人心，自然也就不会有价值，从而令你连接近贵人的机会都没有，假如是这样，你又何谈成功呢？同样的，就算朋友想要帮助你，可是你个人能力不强，职业素养不高，最后朋友想帮也不知道怎么帮才好，只能是望你兴叹。

俗话说：“一个好汉三个帮，一个篱笆三个桩。”首先你要让自己成为“好汉”，德才兼优，然后才会有朋友心甘情愿地帮你。在你帮助朋友的同时，你也会获得朋友的帮助，如此一来，再难的事情也会变得顺风顺水，想不成功都难。

单枪匹马，不适合任何时代

为什么有些人有才华却无法施展，是因为没有团队的概念，没有社交经营的经验，以至于单枪匹马难以展现自己的才华。要知道，一个人的力量是很有限的，哪怕用尽100%的力量，也不足以让单个的自己最后胜出。折断一根筷子容易，折断一捆筷子就难，这就是团队的力量。很多个人一起合作，“八仙过海各显神通”，每个人分别贡献出一部分力量，然后高效地聚合到一起，这种巨大的合力，能轻而易举地做成一件事情。

不要期望自己是全能冠军，也不要期望某个人会付出100%的努力来帮助你，你要善于结交更多的朋友，借助朋友的力量，让大家真心愿意帮你。哪怕在关键时刻他们只付出1%的力量去帮助你，可一个建议、一次帮扶，众人划桨开大船，你还怕天下有成不了的事吗？假设你在做一项创意项目的时候需要一个很好的点子，但一个人只能想出有限的几个，可如果你的身边有一些创意总监、公司老总、文化名人等朋友，将他们聚合在一起，很可能轻轻松松就能为你提供100个以上新鲜的、令人拍案叫绝的创意，说不定还能为你的这个创意项目筹备资金、进行市场推广，衍生出更大的项目和更多的创意呢。

如果能有贵人相助，你就可以迅速提升自己，更有效地促成事情的发展，有更大的能力帮助更多的朋友，也更可能去结识更优秀的朋友。社会是由一个又一个社交圈交织而成的，充分利用各种社交圈的资源，你就能广结挚友、获得机会，进而享受幸福人生。智慧的人时时处处都在经营社交圈资源，成功的事桩桩件件皆依靠社交圈的力量。

从表面上看，社交圈并不是直接的财富，但它是一种潜在的无形资产、一种潜在的财富。打个比方，你拥有扎实的专业知识，并且有开拓精神，或许还有雄辩的口才，但却不一定能够成功地促成一次商业谈判，不能拿下一个项目，这时，如果有一位关键人物协助你，你便会如虎添翼，不仅在术业，而且在事业方面都能收到可喜的成果。

古人说："穷在闹市无人问，富在深山有远亲。"这话固然有一定道理，但是从另一方面来说，也正是因为富人拥有着丰富的社交圈资源，所以才有远方的亲戚朋友慕名拜访，靠的是什么？是资源。如果你想从一个穷人变成富人，那么你就要倾力打造、拓展和经营好自己的社交圈。

通过前面的内容，我们已经充分领略六度分隔理论的魅力。六度分隔的现象并不是说任何人与人之间的联系都必须要通过6个层次才会产生联系，而是表达了这样一个重要的内涵：任何两位素不相识的人之间，通过一定的联系方式，总能够产生联系。也就是说经过若干个环节，任何一个人与名人或政要想通上电话都不是痴人说梦。

或许你仍然会觉得这只不过是一个巧合，还有一个数据能证明这一点。如果每个人日常密切联系的人是150人左右的话，通过6个人的社交圈就可能有的人数是150×150×150×150×150×150=11，390，625，000，000。可见，如果我们能以"结交一个人来认识更多的人"的方式建立个人的社交圈，社交资源将以乘方的方式增长，效率会是极为惊人的。

这些论证一再地启示我们，要成就一番事业，就一定要学会经营好我们的社交圈，懂得借用别人的智慧和资源，而不能靠自己的单打独斗。尤其是在这样一个信息极为发达的社会，只有积极主动地与人合作、分享，你才有可能取得成功、谋得发展。

需要注意的是，想借用别人的智慧和资源，不是指抄袭、剽窃、霸占他人的劳动成果，而是与别人共同合作，资源互换。社交经营的最高境界是合作共赢，而非单打独斗。当你发现某个人握有你所需的资源时，你可以主动与之建立关系，真诚地提出与他合作的意愿。在合作中，对方会考验你的实力，你若大方地展示出你的实力，会让你们的合作快速达成。如果你们实力不对等，对方取消你们的合作，你不要感到遗憾，充分提高自己、提升各个方面的能力修养，而后再争取下一次的合作。

我曾经请教过一个很有名望的朋友，问他成功的秘诀是什么。他的回答是："不要一个人吃饭。"我当时一愣，并没能马上理解他的这句话。不过，他接下来的一席话，让我终于理解了。他说道："吃饭的意义有时不在于在哪里吃，也不在于吃什么，而在于和谁吃！"深思之下，真的非常有道理。别独自用餐，真的不在于吃本身，而是在于和谁吃。新东方教育集团的元老之一徐小平曾经非常欣赏这样一句话："天天请客不穷，夜夜做贼不富！"至理名言啊！天天请客，花的不过是饭钱，交的却是朋友。朋友多了，信息交流就多，致富的机会也就多，和朋友们进行一点小小的合作就有可能把请客吃饭的饭钱赚回来了！况且，慷慨请客的人总是能给人好感的。如果你想赢得朋友，就必须在你们之间有一种互惠互利的关系，这是让你们的关系非常牢固的根本。

2016年，希拉里在参加美国总统竞选的那些日子里，每天要和超过2000人握手。一天下来，大家都疲惫不堪了，但希拉里依然谈笑风生。数天下来，她的好友惊讶地发现：希拉里记住了绝大多数行程中所遇到的人的名字！她这种对社交圈资源培养和经营的毅力与能力，不得不令人敬佩。

这是一个大家都能明白的道理：一个人的力量是有限的，只有能获得周围朋友们的帮助，这个人的成功才会变得比较容易。希拉里深谙这个道理，所以她不断地经营自己原有的社交圈资源，还不断地拓展新的社交，并凭借其独特的本领，熟记每个人的姓名，再次重逢时，便能准确地叫出对方的名字，那是一件多么让人欢欣的事！

在这个大鱼吃小鱼、快鱼吃慢鱼的竞争激烈的社会，要想站在金字塔的巅峰，就应该从现在开始打造你的社交圈，积累你的社交资源。只有丰富的社交圈资源，才会给你带来源源不断的好运气。这些好运气，可能为你带来巨额的财富，也可能为你带来仕途的顺畅，也可能为你带来感情上的顺利，还有可能为你带来家庭的幸福等等。

如此一来，你就不难理解，很多白手起家的人为什么能成功？正是因为他们非常注重对社交资源的投资和经营。所以从现在起，如果你有意识地去积累社交资源，经营自己的社交圈，说不定下一位成功人士就是你！

要成为狮子，就待在狮群

西方有句名言说：“与优秀者为伍。”日本有位教授叫手岛佑郎，在研究过犹太人的财商后，他得出了这样的结论：“穷，也要站在富人堆里。”无论是谚语还是例证，都说明一个朴素的道理：无论你是否优秀，都要努力成为优秀社交圈的一分子。决定你能否始终在优秀社交圈的，是你的努力和进步。只有你和他们一样优秀，甚至比他们还要优秀，你才能融入其中，并进一步拓展更优质的社交资源。人很容易受身边人的影响，你身边是什么样的人，你就很可能会成为什么样的人！

如果正在阅读本书的你是一个怀有远大抱负的年轻人，常常苦恼于自己现状，又不甘心平庸，那就去寻找身边那些比你优秀的人吧。发现他们的特质，去学习，去请教，去成为他们的朋友，然后再认识他们的朋友的朋友，这些人无论是不是与你处于同一行业，都能对你有直接或间接的帮助。

那些优秀者总能给我们传递很有价值的观念、经验、见识等。怎么才能认识到优秀者呢？如果你是在校学生，可以争取以志愿者的身份去参与各种重要活动、校外会展、聆听成功人士讲座等；如果你是应届毕业生，请争取进入一流大企业，通过职业交往去结识更多的杰出人士。经济学家林毅夫年轻时能够拜在1979年诺贝尔经济学奖得主、美国芝加哥大学荣誉教授舒尔茨的门下学习经济学，就源于他在一次义务翻译工作中结识了舒尔茨教授。

一个渴望成长、发展与进步的人常常感到遗憾的事就是身边缺乏远见卓识的人，缺少能为自己指点迷津的人，缺少能在关键时刻助自己一臂之力的人。因为如果缺少这样的社交资源，就很容易使自己的人生逐渐变得平庸。原本你很优秀，但由于受到周围那些消极的人影响，结果你便丧失了前进的动力，这无疑是一种极大的悲哀。

如果你想聪明，就要和聪明的人在一起，久而久之，你一定会变得更加睿智；如果你想优秀，就要和优秀的人在一起，很快你也能出类拔萃。在人生赛场上，如果我们总是和庸手去比赛，我们也会慢慢地变得庸碌，不思进取；如果我们总是敢于和那些比我们优秀的对手共舞，努力地上演一幕幕精彩的对弈，我们也会变得越来越强大，越来越优秀。只有强者和强者之间的较量才能创造出令世人瞩目的历史。所以，我们一定要和优秀者们成为圈内人，努力去学最好的别人，做最好的自己。

有一位成功学家曾总结过这样一条成功法则："教练的级别决定着选手的表现。"无论在生活还是工作中，和谁在一起、选择谁当对手、让谁来当自己的教练和老师，的确对我们非常重要，甚至能改变我们的成长轨迹，决定我们人生的成败。

有科学家通过研究后发现："人是唯一能接受暗示的动物。"积极的暗示，会对人的情绪和生理状态产生良好的影响，激发人的内在潜能，发挥人的超常水平，使人进取，催人奋发。正如有一句谚语所说："要成为狮子，就待在狮群。"可是，怎样才能进入狮群呢？换句话说，怎样才能结识那些重要人物，并和他们成为朋友呢？下面的事例或许能给你一些启发。

2011年，王勇毕业后来到深圳的一家公司工作。他和同学李伟一起合租一间小房子。王勇不愿意一直住在这样的小房子里，他想努力工作，跻身于中产阶层，最终在深圳站稳脚跟。王勇第一次把想法告诉李伟时，李伟觉得这个目标太遥远，像是天方夜谭。

王勇不理会李伟的质疑，继续努力认真地工作。他认为只要自己工作业绩和能力得到提高了，一旦涨工资，自然会有机会在深圳立足。经过两年的努力，王勇的能力得到上司的认可，上司让王勇负责公司在华南地区举办的大型会议。王勇心里很高兴，认为这是一次证明自己的重要机会，一定要好好把握。

等到会议圆满结束，王勇工作踏实努力的形象得到众人的认可，公司的许多上层领导都对他赏识有加。一天，总经理对王勇说道："你很努力，你还可以走得更远。现在你没事应该多学习英语，多参加行业内的论坛，提升自己的能力。"王勇虚心接受了总经理的建议。此后，王勇就经常参加业内的论坛，广泛结交行业内的专业人士，学习领先的行业知识。

三年后，王勇在一次行业论坛里认识了一个猎头，几次接触下来，凭借自身的能力，得到猎头的赏识。没过多久，王勇跳槽到新的公司担任高管，又用多年积蓄买下了房子，成功在深圳站稳了脚跟。

如果我们想要结交的人是一个大人物，那我们应该知道，这些人大都精力有限、时间宝贵，在交往对象的选择上，也有他们的严格标准。他们是不会把时间花费在一个对他来说毫无交往价值的人身上的。所以说，能成为优秀的成功人士的圈内人的必要条件是，你有较大的可交往价值。

但是，面对成功人士，我们一个无名小卒能为对方效劳的地方还真不多。这就需要你根据实际情况，为自己创造结识他们的机会。

一头狮子可以给人以很强的震撼力，更何况是一群狮子呢。很多时候，我们要想进入"狮群"会很难很难，但是一旦找对了方法，有时候也很容易很简单。每个人的时间和精力是有限的，而社交圈资源的累积也需要我们花费大量的时间、精力、金钱等。如果你只是整天为了一点点的既得利益而耗费过多的时间与精力，就太不值得了。

为什么不能将自己的眼光放远一点呢？这样你所能获得的可能会更多。一个真正的贵人朋友能够帮助你在短时间内迅速提升工作成就，而这也是社交圈资源的真正价值之所在。这即使对于巴菲特与索罗斯也不例外，因为他们的成功也不完全是靠自己白手起家而来的，而且他们在关键时刻都有比自己强大得多的人拉了自己一把。所以，如果你仅仅满足于眼前现有的贫乏的社交圈资源，是很难做成大事的。

张强毕业后没有找到合意的岗位，就随意进入一家小型外贸公司混日子。一天，张强向同事吐槽工作太无聊、无趣时，同事反问他："你熟悉我们公司与其他国家的业务吗？你会报价吗？"张强准备反驳同事时，突然意识到自己进公司那么长时间了，这些东西都没有完全掌握。张强有些惭愧，同事说："如果这份工作你干不好，那么你辞职到下家公司，他们问起你的工作业绩来，你却答不上来，他们会录用你吗？"张强说："可是这份工作我真的不喜欢呀。"

同事回答："你做事要有长远的眼光。既然进入公司了，就应该对你的工作负起责任。你连这些基本的工作都做不好，好公司怎么能录用你。"张强听后若有所思。

第二天，张强来上班，开始改变自己的态度，他好好地学习外贸知识，充实自身技能。不久，领导发现张强工作时变得积极主动，工作效率也提高了。两年后，张强越做越顺，在行业内小有名气。他凭借自身的能力，找准机会，顺利跳槽到一家新公司。

有人说，人生有三次“投胎”机会：第一次是出生，第二次是结婚，第三次是跟对人。第一次我们无法选择，但我们可以好好地选择自己的第二和第三次。选对结婚对象，我们将幸福一生；选对良师益友，获得贵人扶持，我们将收获成就满满的一生。

要成为狮子，就要待在狮群；要成为国际影坛大明星，就要进入美国好莱坞的核心圈子；要成为著名经济学家，就努力进入世界经济学家们的圈子……是的，无论你想成为什么样的优秀人物，都请先与该行业的优秀者为伍，努力进入他们的圈子，让自己成为他们的圈内人，又或者说让他们成为自己的圈内人。当你获得了他们的鼎力相助后，成功将变成一件水到渠成的事。

高质量的资源要重点维护

众所周知，社交资源非常重要，而结交到优秀的朋友，并让对方鼎力相助自己，是改变自己命运的一大关键。人这一生中若能结交几个优秀的好朋友，将是一件非常荣幸的事。我们和优秀的朋友之间，既可以在奋斗过程中相互帮助，也可以在遭受挫折坎坷时相互激励，如果有机会能一起共创一番事业，那就更是再好不过了。放眼天下事业有成的人，在他们奋斗的过程中，都曾得到过优秀朋友的支持，正因如此，他们才度过了人生中最艰难的时期，缩短了创业的时间，最终走向了辉煌。

沈美茹大学毕业后被分配到了一家市级医院工作。从入职开始，沈美茹就十分努力地工作。她还会适时地和主任医师交流业务问题，向对方虚心求教。很快，工作勤奋、头脑聪明的她，便获得了医院副院长的赏识。

几年过去，沈美茹荣升为这家医院的中医科科长。慢慢地，沈美茹开始放松自己，很少参加医学会议研讨，却经常和朋友一起吃饭、喝酒、聊天玩乐。副院长看到沈美茹的状态不免有些担心，苦口婆心地劝她多多出席各类医学会议，去结识一些医学界的重要人物，学习他们领先的医学观念。

但是沈美茹没有听进去副院长的这一番话，逐渐变得心浮气躁，在一大堆社会朋友的吹捧中渐渐迷失了方向，整天沉迷于和社会上的朋友交际，业务渐渐荒废。慢慢地，因疏于管理，短短半年时间，科室里接连出现了好几起医疗事故，给医院造成了很大的负面影响，也给她自己的前途抹上不光彩的色彩。最终，她被降职。沈美茹这是在自毁前程。她没有分清事情的主次，为满足一时的快乐流连于玩乐，既没有努力提高自身的专业知识，又没有设法结交优秀的医学人士，学习最前沿的医学知识。

相反，和她一起毕业的小高，一直踏踏实实地在自己的工作岗位上努力工作。她积极参加医学研讨会议，会后与业内同仁交流心得。有一次，医院接收一位病危患者，小高在这种危急的情况下提出了合理的治疗方案，成功挽回了病危患者的生命。因此，在医院选择晋升主治医师时，小高凭借出色的工作能力和院长的举荐，顺利成为主治医师。

小高懂得一个人的成败首先取决于自己的能力，其次是社交资源，聪明的她更懂得花精力去打理那些重要的社交资源，这给她带来了很大的便利，也让她能很快地从同事里脱颖而出。这正是沈美茹逊色于她的关键所在。

有句话说得好，“你是谁并不重要，重要的是你和谁在一起。”有句西方谚语说道：“你认识的人决定你的未来。”当然并不是每一个成功人士、优秀人物都能成为你的贵人，也不是每一个优秀的朋友都能帮助到你。那么，什么样的社交资源需要你重点打理呢？

1.他是否是非凡的人物？

一个对你未来有很大帮助的朋友，不一定现在有多高的职位，多大的权力，但是，他一定是一位非凡的人物，他具有强大的自信和坚定的信念，有着冷静灵活的头脑和长远的眼光，这一切需要你发挥灵敏的嗅觉，把他们从生活中找出来，并且抓住机会，成功进入他的圈子，成为他要好的朋友。

千万不要认为只要对方官衔大、地位显赫或财富很多就一定要结识对方。财富和官衔不一定能说明这个人能力的大小，更不能说明对方能帮得到你。因此当你估计你未来的朋友的影响力大小的时候，一定要仔细慎重，需要多方面权衡再做出决定，当然，这个结论需要依靠一段时间交往之后再做判断。

2.他是否是一个好老师?

一个优秀的朋友或者说一个好的贵人，往往能够给你指点迷津，分享他宝贵的经验。由于年龄、阅历、能力等各方面的欠缺，很多你很难想明白的事情或者暂时办不到的事情，对方却能凭借多年的经验和阅历从不同的角度和深度来帮助你剖析，于是你遇到的难题就迎刃而解了。同时，通过和贵人的接触交流，你可以从多角度收获经验，这些经验是你前行最宝贵的财富，借此你能飞速地提升自己。

3.你的价值观与他吻合吗?

每个人的人生观、价值观都会因为出生、成长背景、学历以及周边环境等因素的影响而有所不同，只有价值观相似的人才能成为志同道合的人。如果你和优秀的朋友做事总能很默契，说话总能很投机，那么对方将是你这一段时间内要重点打理的社交资源。你一定要寻找机会、创造条件和对方多多接触，了解对方关于人生价值和职业道路的具体看法，等等。

如果以上几点你都能确定的话，接下来就要将他从你的社交圈里筛选出来，重点地对待，注重维护彼此的关系，求得长期交往，彼此分享、互相帮助。当你真正成为他可信任、交心的朋友时，当你遇到困难时，不需要你多说，他也会来帮助你，你也就在不知不觉中进入了他的社交核心圈。如果你的周围有越来越多的这类人，恭喜你，你的社交圈资源已经提升到了更高的层次了，你的人生将有望实现一次重大改变，一次飞跃式的改变！

丰富自己的技能，扩大自己的社交圈

有人曾问道，什么才是一个人的核心竞争力呢？答案是：不可复制的能力，就是一个人的核心竞争力。

世界上每一个成功的企业，之所以能够发展得这么长久，都有其不可复制的核心竞争力。打造一种别人无法复制的核心竞争力，才是企业基业长青的关键所在。同样的道理，一个人要想在个人发展的道路上一路坦途、所向披靡，也必须要有一种不可复制的核心竞争力。社会发展到今天，“一纸文凭走天下”的时代早已过去，越来越多的人发现，若想在竞争中脱颖而出，“软实力”更重要，而如果你拥有别人无法替代的核心竞争力，就更容易占据竞争优势。

如果你仔细观察就会发现，现在社会上的特长培训班，如舞蹈班、插花班、茶艺班、歌唱班等，都是学员爆满。为什么会产生这样的现象呢？因为人们越来越发现在交往中若歌唱得好、舞跳得棒、牌打得好、菜点得巧，都能为自己在社交圈里的影响力加分，甚至在某种程度上也为个人创造了更多发展的机会。

设想一下，如果你是一个职场新人，在工作经验上显然是不足的，那么，怎么样才能让别人关注自己，同时又不让人觉得你是在哗众取宠呢？如果你懂点小魔术，利用休息时间，给大家变个魔术玩，就一下子把大家的兴趣都调动起来了，与他人的话题会越来越多，距离会越拉越近，融入新团队就不会是什么难事。如果你恰好又懂塔罗牌，能跟大家分享一下星座的秘密，是不是又可以引起很多人的兴趣呢？当然，要想如此，必须要前期投入时间，培养兴趣爱好，必要时它们可以成为你的一技之长。

如果你想成为一个受欢迎的人，最简单的是让自己先成为一个有趣的人。当大家因为你的存在而变得快乐时，你就变成一朵向日葵，吸收周围的关注，并使大家对你产生兴趣，愿意和你交往，这样你就轻而易举地成为这个社交圈的一员。当然，你懂得越多，就越容易和更多的人有共同话题，于是就可能交到更多的知心朋友。正所谓技多不压身，你多懂点东西，不是坏事。你多会一项技能，多懂一点知识，说不定就多十倍结交优秀人物的机会。

马小小有一项技能，很多人都比不上，那就是她能点得一手好菜。只要是朋友聚会、单位聚餐，点菜的事情都会交给她去做，她点的菜一定是既合大家口味，又美味营养，因此，她在朋友圈里很受大家的喜欢。她说自己很会点菜这项技能还是在经历了几次相亲之后学会的。记得每一次相亲时，她都表现得一副温柔可人的样子，都会客气地让对方点菜。没想到，每一个相亲对象都不会点菜，几次相亲下来，小小在心里留下阴影了。从那段时间以后，小小决定自己学着怎么去点菜。因为经常点菜，她点菜的水平越来越高，她现在的老公就是因为相亲时和她吃了一顿饭后，对她产生好感，两个人继续交往下去，直到走进婚姻的殿堂。

马小小点菜的秘诀是什么呢？马小小分享过自己的点菜经验：一般中餐的点菜习惯是4个人用餐至少点4道菜，再加一道汤。她认为，点菜有三个简单的方法：不同的食材、烹调方法与味道。例如，以4人为例，可点蔬菜、海鲜、肉类，最好再选择炒、蒸、炸、烧等不同的烹调方法。也就是说，如果选择了红烧肉类，那么可以清蒸海鲜，一次可吃到较多的口味。

小小说，她会根据大家的年龄特点、收入情况、学识层次等去选择相应的餐厅以及相关的菜品，这样一来，有的放矢，点的菜自然就是大家喜欢的了。后来朋友们都越来越喜欢在组饭局的时候叫上她，让她帮忙点菜了。

你是否发现，在生活中，有一些人总能在人群当中充当“气氛调节器”的作用，只要有她在，整个气氛就会活跃起来，要是没了她，大家都不知道说什么好，也不知道该怎么说。这样的人物往往有这样的过人之处：会点菜、酒量好、口才好，有其在场，气氛总是特别融洽。小小就是这样一个人！

当然，只有这一项本领还不够，因为不是所有人都适合在饭桌上结交，因此，小小在业余时间还学会了茶道。看似简单的一道茶，学起来却是很深的一门学问。“那些有身份地位的人，大都是对茶和酒有着很深研究的人，因此我得早点给自己补上这一课，免得有时候变成班门弄斧，爆出了大丑。”小小说。

在人际交往中，每一个人其实都需要和很多人打交道，每一个人又都有着不同的性格和爱好，因此，能拥有多项技能的人，更容易融进不同的社交圈子里去。

总之，要想提升自己社交圈的质量，就更要对自己严格要求，多培养一些兴趣爱好，多掌握一些常用的技能，使得你的“硬实力”和“软实力”能帮助自己结识更多的人。这样一来，当你遇到什么困难时，自然会有人来帮助你。如果你拥有一项别人难以替代的核心竞争力，很多人想要解决难题都必须来找你帮忙，那你就很容易拓展自己的社交资源了。所以，保持自己的学习力和进取心吧，让自己越来越有价值，社交资源会越来越多，社交质量也会越来越高。

如何更有效地去结交重要人物

有一名记者想要采访一名创业成功人士，可几次努力下来都无功而返。记者有些丧气，有人建议他再找找这位创业成功人士的秘书试试。一语惊醒梦中人。这位记者就前去找秘书，秘书拒绝了他两次。他第三次去找秘书，秘书被他的执着所感动，同意聊聊关于采访的事宜。记者和秘书详谈了采访的内容，秘书也从中了解到采访的意义，便同意帮记者向那位创业成功人士征求意见。没过多久，记者接到秘书的电话，创业成功人士同意了记者的采访。

有人说，有时“攻克”重要人物的身边人要比直接和重要人物打交道容易得多。重要人物的家人、下属、朋友等等都可以成为接近重要人物的铺垫。先接近他们，获得他们的理解和信任，实际上已经等于你获得了重要人物的认可与支持。要知道，没有谁比他们更能详细准确地掌握重要人物的各方面信息了，而他们所提供的任何一个信息对我们来说都尤其重要。有关重要人物的性格特点、兴趣爱好、个性偏好、家庭成员、亲戚关系、成长经历等等，这些无不是你进一步了解重要人物的重要信息，倘若你能和重要人物的太太一起共餐，能为其家人提供有效的帮助，那就离你接近重要人物不远了。这里需要说明的是，不可急功近利，只有当重要人物成为你的朋友时，你才能寻求他的帮助，倘若为了办事，刻意去接近重要人物，这样目的性太强的话反而会引起重要人物的反感，最后很可能会和你的意愿背道而驰。

在结交重要人物之前，请注意，有几项准备工作一定要做到位。所谓“磨刀不误砍柴工”，只要具备了一定的资格和能力，保持好心态，你就肯定能结识到你想结识的重要人物。

1.结识重要人物，主动、真诚很重要

我们都知道，重要人物通常有着显赫的身份和社会地位。他们很少会主动与普通人来往。作为普通人的我们，一定要主动积极、心怀真诚，像对待我们的朋友那样去和他们交往，才有可能赢得重要人物周围的人的信任，也才能引起重要人物对你的关注。

2.与重要人物来往，一定要自然得体，不必过于拘谨

重要人物无论地位、阅历，还是社会经验，都高出我们很多，与他们交往常常会令我们有压力，容易紧张。作为普通人，特别是社会阅历和工作经验都还有待提升的年轻人，在这种情况下往往容易变得言语嗫嚅，特别别扭、生硬，这种表现对于与重要人物打交道是十分不利的。其实，重要人物和我们一样也是人，生活中的他们也很普通，你尽可以放松，就像和其他朋友相处一样，自然大方地交往，这样既尊重对方，又让自己保持必要的自信，反倒能显示出我们的交际魅力，赢得对方的认可和尊重，从而使重要人物乐意与我们发展友情。

3.结识重要人物不能太功利、太做作

有的人不会与人相处，例如，在结交重要人物的过程中，只懂一味地生拉硬套，本来没有亲戚关系，偏偏七拐八绕，硬说有亲戚关系；或者本来与他的某位朋友没什么关系，偏偏鼓吹自己与人家情深义重……实际上这都是不懂得与他人打交道的愚笨做法。这样做很容易引起重要人物的反感。与重要人物交往，要循序渐进，顺其自然，用对方能接受的方式，去拉近彼此间的心理距离。这就更需要在重要人物身边的人身上做大量的工作，从而在方方面面都深入地了解重要人物，以便更容易把话说到他的心窝里，把事做到他的心坎上。

4.与重要人物以及其身边人交往时切忌过于奉承，要做到不卑不亢

在结交重要人物的过程中，在与重要人物的下属、朋友、亲戚相处的过程中，如果不顾原则，另有目的，很快就会让人反感、嫌恶、痛恨。本来可以建立友情，但却因双方失去真情而无法发展下去，这就让人很遗憾了。当然也有一些地位显赫的人好大喜功，乐于听奉承话，但与这样的人发展友情，你也很难受益。所以，我们在结交重要人物的过程中，一定要做到不卑不亢，切忌过于阿谀奉承。

5.在重要人物以及其身边人的面前，实实在在地做自己

在与重要人物的交往中，要想获得重要人物的信任，首先要诚实做人，做真实的自己。这就要做到：保持本色不做作；不要盲目地迎合、随从别人；若自己错了或有某种不良习惯要勇于改正；保持自己独特、健康的个性；不要不懂装懂，在长辈、知识渊博的人面前不要班门弄斧；自己不知道的事情，就老老实实地请教别人；不要总想掩饰自己的缺陷；不要否认自己的过错，如果错了，就及时承认，努力改正……这样就会很容易赢得重要人物的信赖。

6.想要获得重要人物的信任，你必须要有责任感

想要得到重要人物的重视、重用与帮助，我们必须要在重要人物以及他们身边的人心中树立起一个有责任感的形象。当你能够言必行，行必果，总能承担责任，就一定能赢得重要人物及其身边人的信任。当他们信任你以后，你和他们的交往就会越来越顺畅，你就能在适当的时候向他们借力了。

让有分量的人替你说话

每年秋天的时候，我们可以看到天空中有很多大雁，它们一会儿排成一个“人”字，一会儿排成一个“一”字。为什么会这样呢？它们绝对不是在表演艺术。要知道从北往南飞需要经历一段非常遥远的距离，仅靠一只大雁的力量是远远不够的。

通常，飞在最前面的头雁是最有力量、最有经验的，当头雁扇动翅膀时，能带动起一股气流，若雁群排成“人”字形或“一”字形飞行，后面的大雁飞起来会很轻松，不必休息很多次。头雁飞行的过程中在其身后会形成一个低气压区，紧跟其后的大雁飞行时就可以利用这个低气压区减少空气的阻力，从而有利于维持整个雁群的持续飞行的能力。

这个现象给我们一个良好的启示：造势不如借势。若能借力去做事，将会事半功倍，轻松成事。在社会里，其实很多人都懂得造势不如借势这个道理。在政治、经济、文化、外交等诸多领域里，这个道理被广泛地实践应用。其实在打造和经营社交资源时，能够学会借力，也能收获很好的结果。

例如，在人际交往中，若你懂得巧妙运用名人的社会影响力，会让你想做的事产生事半功倍的效果，这种借助名人的名声来提高自己的社会知名度，其实是一种“放之四海而皆准”的好方法。借力名人效应，让有分量的人替你说话，为你“背书”，你更容易获得更多人的接受和信任。这是你在经营社交资源时，必须掌握的一大法则。

如果你善于应用名人效应，甚至能让美国总统帮你卖书、卖衣服、卖自行车、卖汽水，你相信吗？这并非开玩笑，只要你策划得法，操作得当，美国总统也照样乐意为你服务。

曾经有这样一个有趣的故事。美国一个出版商有一批滞销书久久不能脱手，他忽然想出了一个主意：给总统送去一本书，并三番五次去向其征求对这本书的评价。忙于政务的总统不愿意与他过多纠缠，便回了一句评价说：“这本书不错。”没想到，出版商便借总统之名大做广告：“现有总统喜爱的书出售。”于是，这批书很快便被一抢而空。

不久，这个出版商又有书卖不出去，又送了一本给总统，让总统给点评价。总统上过一回当了，便想奚落他，于是说：“这本书糟透了。”出版商听后，脑子一转，又做广告说：“现有总统讨厌的书出售。”不少人出于好奇争相抢购，结果书又很快售尽。

第三次，出版商将新书送给总统，让他给个评价。总统接受了前两次的教训，便不做任何答复。没想到，出版商还是能大做广告：“现有令总统难以下结论的书，欲购从速。”这次居然又被一抢而空，总统对此哭笑不得，商人却因为善于借助总统之名而大发其财。可见，巧妙诠释名人的话，你的生意就能获得大大的改观，甚至大发横财！

我们知道，名人掌控和操纵着某一领域的话语权，有着广泛而深远的影响力，如果能够借助他们的实力和影响力，你便能快速地提升自己的地位和声誉。

可是名人往往不是一般人容易接近的。我们怎么样才能跟他们搭上线，让他们为我们说话呢？史坦芬·艾勒为我们提供的方法是：“把鲜花送给‘实力人物’身边的人，即使他们看来只是你心目中的小角色。”哪怕他们只是一个小小的秘书、一位家庭主妇，甚至是小孩子，也不要放过和他们结交的机会。说不定，这些“小角色”会在某个关键时刻决定你的前程和命运。所以，在为自己的实力不断增值的同时，请及时提升社交资源的质量和广度，筛选出那些可以助推自己发展的有名望的社交资源。荀子说过，借助于车马的人，不必自己跑得快，却能远行千里；借助于舟船的人，不必自己善水性，却能渡江河。君子生性与别人无异，只是因为他善于借助和利用外物，所以就不同了。

为什么名人推荐会那么有效呢？因为除了对权威和名望有一种崇拜感外，对熟人同样也有一种可靠、信赖的感觉，因而他们常常会从推荐者身上来估量被推荐者的能力和人格。名人推荐的人，人们也会认为即使不如推荐者，被推荐者也肯定不太差。

另外，我们这里所指的有分量的人不一定是社会名流或者商界大亨，其实无论其名望或者地位是高还是低，只要有助于你达到自己的目标，就是你登上高处的“梯子”，他的影响力和威信就对你有着很大的用处。因此，从你走上社会开始，就要学会待人接物、结交朋友，在提升自己的同时，尽量去结交更多的人，去积极地发现和接近那些有名望的人，要知道在当今这个社会，单枪匹马已很难成功，必须借助别人的力量。而名人的力量是你一定要学会借助的。

让更优秀的人为你代言

你是否发现，每个成功人士都有着自己突出的性格特点，有的很执着，有的很睿智，有的很豁达，有的很善良，这些突出的性格特点，直接或间接促成他们成就了大业，在社会上拥有了很高的地位。如果你想拥有成功人士的这些性格特点，在日常生活中就要注意自己的言行举止。另外，你还要学会把比你更优秀的人吸引过来，成为你社交资源的重要组成部分。

三国时期的刘备，起初只是一个卖草鞋的小商贩，因为心中有图谋大事的目标，所以能在几易其主的过程中，不断地寻找机会，结识各种社交资源。他和另外两个来自最基层的超级人才关羽、张飞桃园结义，组成了一个超级团队。然后，他们凭借影响力不断地拓展社交圈，将众多的仁人志士吸引到了自己旗下，实力变得越来越强大。

在三国的曹操、孙权、刘备这三位后来创业成功的“大老板”里，刘备表面上看起来不占上风。论资历，刘备没法和“挟天子以令诸侯、文武皆有盖世之能”的曹孟德相比，就是和守父兄之业、多谋善断的孙权相比，刘备似乎也不是一个重量级的。但是他却有常人所不能企及的本领，他懂得建立和经营社交资源，深语要成事就要让每个人去发挥他们的潜能。尤其是在有了军师诸葛亮之后，刘备的实力更是突飞猛进，可与曹操、孙权一决雌雄了。当然，这其中不乏支撑他多年坚持成就大事的信念就是他要统一天下，以及笼络到越来越多的有识之士到他的身边，于是才形成了三国鼎立的局面。对于刘备来说，这已经可谓是丰功伟绩了。

如果没有一个宏伟的目标和那些鼎力帮助他的团队，刘备充其量也只能算是一个落魄的贵族后裔，只能继续去卖他的草鞋，当一个小商贩而已。从这一点来看，懂得如何把比自己更优秀的人才吸引过来为自己所用，是多么重要的一件事。

任何一个想要创立一番大成就的人，都必须懂得在提升自己的同时，继续拓展自己的社交圈，不断地提升社交圈的含金量。当有一天你的社交资源发挥巨大作用时，你就很容易从残酷竞争中脱颖而出，成为人生的赢家。

曾有一个大财主对一个穷人说，不管他起得多早，只要他天黑前回到起点，脚步圈住的田地都算是他的。穷人于是起了个大早，因为怕耽误时间，所以连饭也不吃就向外跑去了，他心里想着：今天一定要把那个蠢财主的田地全部都用自己的脚步圈起来。

他越跑越快，饿了也舍不得花时间吃饭。过了三四个小时，他再也跑不快了，但为了得到那万顷田地，他勉强地支撑着跑。又过了三四个小时，他实在跑不动了，但为了得到快到手的万顷田地，他只好苦苦地支撑着向前走。

太阳快下山了，他心想：再不往起点方向走，天黑前就无法回到起点了。穷人不顾一切地往起点方向走了过去。但非常令人遗憾的是，第二天早上，大财主发现穷人死在了离起点不远的地方！

我们不妨分析一下，这个穷人为什么最终连命都丢了。首先，他没有一个合理的规划，贪念太重，所以导致他走上的是一条不归路。其次，整个过程他都是一个人，没有人在中途给他送饭送水，没有人帮助他完成接力赛，也没有人为他出谋划策，如此一来，他的结局就不足为奇了。我们的身边其实有不少这样的人，他们始终一个人在奋斗，似乎梦想与他人无关，努力也与他人无关，欢喜与悲伤都与他人无关，这样的人或许很优秀，却始终无法成大器。

再回到这个故事，我们换一种思维分析，这个穷人其实有着无数个可以改变自己命运的方式，我们设想一下，在这个穷人奔跑的途中，有他的妻子和孩子给他送去食物和水用以补充体力，还有一个朋友帮他出谋划策，或许还有很多的朋友帮助他完成这个接力赛，那么，他或许可以圈到一大块土质很好的地，不但足够自己生存和发展所用，还能再圈一块地，用来呼朋唤友，作为“俱乐部”，当他的人脉因为这块地而吸引来时，他的财富就不是能用一块地来衡量的了。因为没有一个明确的目标，更没有一个最基本的社交圈，最后导致他孤军作战。

有计划分步骤地去执行自己的目标，并在执行过程中发现并吸引那些对自己有帮助的人、比自己更优秀的人到自己的团队中来，这样一来即使你不懂得经营也有人能帮助你去经营，即使你不懂技术也有人能替你生产出很有竞争力的产品，你需要做的，只是用你的能力和真诚换取一份长长久久的友情。此刻起，不要再一个人闷坐家里，站起来，走出去，去联系你身边优秀的人，将他们发展成你的朋友，成为你的社交资源。

Chapter 4

高效拓展社交圈，让梦想变成现实

时刻准备着推销自己和结识朋友

你是不是那个会主动跟大家打招呼的人？有些人总是不好意思主动和别人打招呼，有些人总是电话不响一分钟就不去接，有些人如果没有什么事好几年也不去联系一下自己的老同学、老朋友，直到遇到了困难才想起来要向朋友求救，然后一通求救电话打过去……很多人就是这样一步步将自己陷入被动的局面里。

唯有当你开始变得主动的时候，你才会发现事情在往好的方向发展。例如，你正在参加一个宴会，面对那些此刻陌生但或许下一分钟就会成为你的朋友的人，只要你主动地走过去搭讪、握手、寒暄，即使对方无法成为你的朋友，但你的笑容和问候也可能已经使对方初步接纳你了。如果你能将这样的做法保持一个月以上，就可以将对方纳入你的社交圈。

每个人都要学会扮演推销员，都要学会在适当的场合里巧妙地推销自己。事实上，每一个人在生活和工作中都在推销自己，只是很多时候你没意识到你正在推销自己而已。当你清醒地意识到这一点，就要把无意识变成有意识，主动的、积极的、有技巧地去向那些优秀的人推销自己，这样你才能结交到你想要结交的朋友。

这是一门你应该经常做的功课：随时向他人推销自己的形象、学识、观点和价值，恰如其分地展示自己的优秀，努力让他人接受、认可和接纳自己。要做好这件事，就要很好地展示你的言谈举止、社交礼仪、学识修养等等，如此才能让他人对你产生深刻的印象，也使你能更有效地改进自己，顺应高速发展、竞争激烈的现代社会。

也许正在读此书的你以前常常认为，自己不如某某漂亮，不如某某聪明，不如某某学历高，不如某某家庭背景好，于是自我安慰：与其自找烦恼，不如安于现状，我原本就是平常人，何必要出风头张扬自己呢……如果你对生活还有一些不甘，还有些许追求，不如行动起来，改变自己。因为你改变的话，你还有一半成功的可能，不改变的话，你连一半的成功可能都没有了。为什么人与人之间起初的差距是很小的，后来却变成了天壤之别的差距，那是因为很多事情你不想、不愿、不敢去做，而别人敢去想，敢去做，不断坚持做下去了而已。

程林现在是一家大企业的高层管理人员。当他还是一个领导们都叫不上名字的普通员工时，有一次，公司举办了一场内部联欢会。在会场上，老板突然心血来潮，想展示自己的音乐天赋，大家都知道老板是练过美声的，所以当老板发动大家一起唱歌的时候，大家谁也不肯唱，纷纷起哄让老板先唱一曲。老板有点儿不好意思成为麦霸，便开口说想邀请一个员工和自己对唱。大家一听老板这么说，都悄悄不吭声了。

这时，程林站了起来，自告奋勇说要陪老板高歌一曲。程林一张口，果然令四座震惊，他的歌声实在令人不敢恭维，不仅天生一副破锣嗓，甚至唱歌走调歌唱得“九曲十八弯”。大家都暗暗嘲笑他，心想这不是自取其辱吗？但程林一点儿也不在意自己唱得好不好，反而唱得很投入、很放松、很坦然。联欢会结束后，不少同事都说他不知天高地厚，丢人丢到家了。

然而联欢会后没多久，老板便将程林调到了身边做了他的助理。后来，又升任他为董事会办公室主任。仔细想来，程林的这步棋走得其实很明智，唱歌是他最快地借机接近老板的好办法。在大家都不好意思上台的时候，气氛很冷场，他上了台，实际上也是替老板解了围，而且他唱歌越不好，越显示出老板唱歌的水准高，最后，他做的一切都显得很自然，不做作，充分展示了自己的大方和自信。

大龄女青年诗曼，在工作上非常努力，能力很强，成绩有目共睹。所以，她被老板委以重任，进入公司高层成为管理人员。

事业小有成就，诗曼却苦恼于没有解决人生的终身大事。这几年，诗曼一直在相亲，细算下来她一共相亲了58次，其中最高纪录是一周见了5个人。可是在诸多相亲的人当中，诗曼没有遇到一个合适的人。诗曼仔细思忖，认为相亲不适合自己，在相亲的尴尬气氛中，大家互相拘谨，这么多人竟然没有一个和自己兴趣爱好相同。诗曼平时爱看书，喜欢逛书店和参加朗读会，得知最近一个知名作家要来本市进行讲座，她决定去参加。在听讲座的过程中，诗曼身旁坐着一位穿着儒雅的男士，在接下来的互动环节中，诗曼大方的谈吐吸引了身边的男士，男士主动与诗曼交谈，聊着聊着发现两人兴趣相同，话题又多，非常投缘。

半年后，两人确定了恋爱关系。谈起恋爱经历，诗曼很高兴，她认为她在公共场合大胆展示自己的才学，向他人展示了自己的优点，才吸引来现在的丈夫。

你是否发现，那些越是有名的明星、名人，越是频繁地出现在公众场合，越是勤于在公众面前展示自己。为什么会这样？就是因为这些人很懂得要在恰当的场合用恰当的方式推销自己，才能让自己的名气越来越大。名气越大，人气就越旺，人气越旺，财气就越足，星路就越宽阔，运气就越好。

试想如果一个人像墙角的花一样不为人知，不被人发现，就只能一直默默无闻。在当今这个充满竞争的时代，如果不善于表现自己，不懂得推销自己，很容易就会被无情的竞争所淘汰，让自己离成功越来越远。

现在，请拿出一张纸，在上面写下你所有的优点和你认为所有可以让别人记住你的特质。也许你仅仅喜欢做手工，也许你对电子产品格外精通，也许你的摄影技术一级棒，也许你有一对迷人的小酒窝……这些都是你的资本。那么在人际交往中，就要有意识地去放大这些特质，让它们成为你的光环，如果你的光环越多，意味着你在人群中越闪耀，你就可以凭借这些优秀的特质吸引你的朋友，让他们成为你高效、优秀的社交资源。

其实，当你向你的上司奉献你的创意的时候，当你向他人亮明你的身份的时候，当你能为公司或他人圆满地解决掉一个难题时，实际上你已经是在推销自己了。在你主动推销自己的过程中，你的社交资源会越来越丰富，你未来的贵人将有很多机会发现你的闪光点。

无论在工作中还是在生活里，主动闪耀你所有的光芒，都必定会有人驻足欣赏，都必定会有人青睐你。切记，想要不断拓展你的社交圈，不断提升你社交圈的层次，就一定要把推销自己和结交朋友这两件事成为你每天必做的功课。当你把这两件事形成习惯后，你的社交资源一定会积聚起越来越强大的力量，未来一定会给予你巨大的助力。

带着布局意识扩大交际范围、拓展社交

无论在工作中还是生活中，很多人都是在遇到解决不了的困难、闯不过去的难关时，才会想起要求人帮忙。然而，手忙脚乱地找了一通手机、QQ、微信上面的通讯录名单，却发现自己觉得能联系上的只有几个人，待联系了这些人后，让人更沮丧的结果来了，没有一个人能帮得上忙！

人是群居动物，人这一生都需要和形形色色的人打交道。在平时的生活中，我们需要建立自己的交际圈，拥有自己的朋友。在交友方面，不要一味地追求朋友多，就随意结交朋友，应该有选择的目标。积极向上、活泼开朗、热爱生活等等，有这些特质的人都值得我们去交往。

当你带着自己的目标走进你想要融入的人际交往圈子，会有意识地接近那些与你有交集的人，其中实力相当、志趣相投的人们才会彼此欣赏、互相扶持、一起成长，朝着共同的目标迈进。这就提醒大家，在拓展社交圈的过程中，一定要有布局意识，想清楚你未来要做什么，要做成什么样的事，要成为什么样的人，你的目标和理想是怎样的……这些都直接决定了你要和谁交往，以及怎么样去交往的问题。

人际交往对于绝大多数人来说都很重要。而对于所有胸怀雄心壮志、有着远大抱负的年轻人来说，多与前辈、取得过成就者接触是非常重要的。他

们丰富的经验与成功之道是年轻人少走弯路最好的借鉴。对于他们来说，看到对未来充满雄心与憧憬的年轻人就好像看到了当年的自己，所以他们通常会产生很多好感。相信他们都很乐意为年轻人提供自己的见解与经验。

在见到老板李峰之前，小芸听说过他的传奇事迹：如何一个人闯荡北京，在没有背景没有靠山的情况下，经过几年历练，他凭借自己的才华建造了一座伟大的桥梁。直到加入他的公司，小芸才真正领略了他人际交往的魅力。开会时，李峰说："为什么都是做建筑工程的，大家能力相当，你的项目市长不做批示，而我的项目市长做了批示，那是因为我在做这件事情之前，我就要站在政府的角度，站在市长的角度，站在企业的角度，站在项目的角度，方方面面都考虑到，每一个环节想要的我都有，都尽量满足，而且我做的不是一件事，还涉及课题、专题、纪录片、图书、城市发展，上有政策引导，下有企业落地，中间有顶尖资源搭建起来的平台，这个优势除了我，还有谁有？这样一来，你就把自己的定位、自己的特质、自己的优势充分发挥出来，而且事情做得毫无挑剔，除了点赞，除了扩大合作，再没有第二个结果。我还担心没有事情做？还担心事情做不大？还担心没有人支持我？利国利民，利城市利百姓，利我的企业和我的团队，皆大欢喜！"

小芸很庆幸自己加入这个公司，成为其中的一员后，她每天都被满满的正能量感染着，被合作伙伴们积极向上、温暖阳光的情绪感染着，她也从他人身上学到了很多的经验。

在拓展社交圈时，站在对方的角度考虑问题很重要。假如你不能与别人的生活发生密切的联系，不能培养起你丰富的同理心，不能对别人的事情产生兴趣，不能辅助别人，不能分担别人的痛苦、共享别人的快乐，那么不管你的知识有多丰富、曾经的成就有多大，你仍然是缺朋少友的、孤独寂寞的、不受大家欢迎的。正如阿峰所说，对方想要的你都有，都愿意给予和帮助，他还能不接纳你吗？其实，很简单的一个道理，换位思考，如果你想要的，朋友都有，又都愿意帮你、给你，你能不愿意和他友好相处吗？这样一想，你就豁然开朗了。像爱自己那样去爱你的优质朋友，所有事情就迎刃而解了。

在拓展社交圈时，学会与比你优秀的人进行交往。比你优秀，并不是指比你有权有钱或者有地位，而是对方的人格、品行、学问、道德……都胜过你。与比你更优秀的人交往，成为好朋友，你就能尽可能地吸收到种种对你的人生有益的东西，就可以提升你个人的层次，让你的品行向更高尚的方向迈进。更重要的是，比你优秀的人还可以使你更加努力地开创事业。

一个善于交际、懂得拓展社交圈、很会经营社交资源的人，总是有意识地在不停扩大自己的交际范围。因为他深知多与人交往，吸收对自己有益的东西，是提升自己的不二法宝。认识一个新的朋友，等于进入了其社交圈，从而又新认识了一批人，久而久之，就一定能不断给你带来影响力的倍数效应，于是你的社交资源也将倍增。

身为自己的社交资源枢纽的你，在调整好自己的心态，掌握了相关技巧后，接下来就要懂得该如何去布局你的社交圈了。

1.没事常常刷一下存在感

只要时间允许，只要有必要参加，就多去参加各类活动。因为不同的主题的活动总会聚集着各种各样的人才，一旦遇到了志趣相投，有共同语言的人，就可以进行深入地交流。尤其是朝气蓬勃的年轻人在一起往往会碰撞出很多思想上的火花。所以，一定要多结识朋友，将他们纳入你的社交圈里，定期维护，长期发展。

2.每一次合作都要珍惜

这并不是指商业意义上的合作，而是泛指朋友间的相处。每一次正式或者非正式的相处都是完善你的社交资源的绝好时机，为扩大你的交际范围提供了良好的机遇。

3.对任何事都要充满好奇心

一个人如果会打桥牌、跳舞、游泳、滑冰、下棋等等，你可以想象，他的生活会有多么丰富精彩。爱好一多，与大家凑趣的机会就多，结交朋友的机会也就多了。即使自己并不擅长某一方面的东西，但若你表现出浓厚的兴趣，照样能博得对方对你的喜欢。

4.性格差异大，也能有很大的收获

志趣相投的人容易接近，这一点我们都好理解。可要是遇到性格差异大的人，你该怎么与之打交道？其实朋友之间在知识结构、兴趣爱好、生活经历等方面存在差异，更有助于双方广泛地了解形形色色的社会，更好地补充、丰富双方的认知，甚至还可能给双方带来意外的收获呢。

任何人在面对比自己优秀的人时，存在自卑心理都在所难免，但若就此而不愿意主动与对方打交道，只喜欢和不如自己的人做朋友，长此以往，你将很难进步，很难获得助力。

另一个造成人们难以扩大交际范围的原因，可以归结为“不投缘”。这往往是偏见在作祟。其实，由于每个人成长的环境不同，个性、习惯自然也有别，若只由自己的主观意识来决定好恶，则可能会因偏见而影响到双方的交往。

总之，当你能卸下心理的包袱和芥蒂时，当你清楚地知道自己内心的目标和向往时，你就能有意识地布局和拓展你的社交圈，就能毫不犹豫地去做自己喜欢的事，就能放开手脚去结识那些胜于自己的优秀之人。当你能够让越来越多比你优秀的朋友来帮助你的时候，你离成功已经很近了。

突破小社交，升级社交圈的层次

如果你希望自己未来在遇到困难的时候会有人帮助，希望在追求成功的路上有贵人扶持，就千万不要满足于现有的社交资源，满足于那几个聊得来的朋友。对于一个很有进取心的人来说，为了成就自己的人生，必定会在不可或缺的每一方面都不断成长、不断升级。

每个人都是在动态发展的，积极进取，你将向上向好发展；安于现状，你将原地踏步甚至一年不如一年。特别是年轻的读者，人生对于你们有无限可能，社交圈要不断升级，不断让圈内拥有更多的优质资源，只有这样，当机会来临的时候，即使你本人还没有足够的能力去抓得住，也有人能协助你抓住它。机会属于有准备的人，“有准备”也包括经营你的社交圈。

在升级社交圈时，也有这样一种情况，就是如果目前交往的朋友没有能力帮你，未来也可能不会给予你提供帮助，甚至有可能会拖你后腿，这样的朋友你可以不必把主要精力放在上面，而是多去发展和你更匹配的社交资源。具体来说，怎么样才能升级我们社交圈的层次呢？下面是一些很实用的参考方法。

第一步：帮不上小忙，就帮大忙。

很多步入社会不久甚至是刚刚参加工作的人，会有这样的疑问：“我刚刚进入职场，能力有限，认识的人也很少，怎么样才能升级我的社交圈，让圈里优秀的朋友更多一些呢？”其实，打造社交圈不需要过于急于求成，也不必刻意寻找。你不妨先从你的身边人开始，一步一步地把你能认识到的人转变成你社交圈里的一员。具体怎么做呢？不妨先看看小宋是怎么做的。

小宋刚工作不久，女同事梁颖休产假去了，结果她的工作一直停在那里，同一个办公室的几个老同事都不愿意接手去干。他们的理由也很简单：“老板要是把她的工资给我，那我就乐意接手干，否则我凭什么要白费力气呢？”

这一天，有位客户来了，他有些问题需要解决。这个客户一直是梁颖负责对接的。眼见大家都装着没看见那位客户，小宋咬咬牙决定“强出头”，于是主动帮助那位客户解决了问题。

小宋帮助客户解决问题的事被老板知道了，老板淡淡地对小宋说：“最近这段时间，梁颖负责的工作就由你顺便负责一下，一并做了吧。”小宋点了点头说：“没问题！”但小宋身边的同事们却认为小宋“太傻了”，是典型的“狗拿耗子多管闲事，是吃饱了撑的”。

接下梁颖的工作后，小宋发现其实增加的工作量也并不大，只要偶尔捎带着做一做就可以，对自己的本职工作并没有什么影响。但借着这一机会，小宋却熟练地掌握了好几种办公软件的使用方法。当某某集团的林董寻求帮助时，小宋不费吹灰之力就帮助他解决了难题。过了一段时间，林董居然高薪聘请小宋过去担任他的助理！跟在林董身边做事，能认识到的人的层次是现在这个环境远不能比的，能见识到的场面也肯定要远比现在的大，发展的前景也远比现在要大得多！

可见，即使你是一个普通人，在一个再普通不过的岗位上做着很普通的事，但只要你是一位有心人，就一定能发掘到别人无法拥有的社交资源，而这些资源里，一定有将为你排忧解难的重要朋友，一定有在关键时刻给予你鼎力相助的贵人。

第二步：升级社交圈层次，可以从工作开始

大学快毕业的时候，丁盛曾在某公司实习。丁盛一边实习，一边为毕业论文发愁。时间一长，丁盛发现一件有意思的事，办公室的刘经理每天埋着头辛辛苦苦地上班，找刘经理的电话却怎么也少不了，特别是每逢节假日，问候刘经理的电话更是络绎不绝。丁盛主动询问经理的助理，找刘经理的都是些什么人，助理告诉他都是不同行业的人。

丁盛有些纳闷：刘经理天天晚上加班，都没有时间进行社交，怎么会有那么多人来找他呢？丁盛又去询问年长的同事，同事听了哈哈一笑，让他先努力工作一段时间自然就知道了。丁盛听从他的建议认认真真地工作。

一年后，丁盛能力出众顺利升职，开始接触一些公司的客户。在建立客户关系时，丁盛发现自己认识更多的人，交际能力不仅增强了，交际圈也扩大了。

在职场中，如果你实在没有什么机会去发展社交圈，不妨从客户入手。有时候跟老板出去见客户，你的名片可能等同于一张废纸。因为在项目谈成之前，你是很难跳过老板去与客户进行事后交流的。但如果等到项目谈成后，老板通常不会自己跟进，这时就是你与客户建立良好关系的最佳时机。项目结束后，在与客户交往时，你可以以推荐人的身份出现：“朋友有个项目，我觉得你们比较合适，可不可以找个时间聊一聊？”这样既能帮助朋友拓宽了选择面，又替客户搭上了线，一举多得。

第三步：全方位多维度经营社交资源

有一段时间，出于工作需要，赵光的社交圈每天都在拓展，包含了很多行业里的高、中、低三个层次的人。每天他的电脑和手机里总是传出QQ、微信的“嘀嘀”声，找各种借口“骚扰”每一位朋友是他每天都要干的事情。每个月他都会对这些社交资源做一次整理，这样就能保证老客户不丢失，新客户及时加进来，在彼此的互动中，勤奋的赵光经常跟他们打听一些相关行业的负责人，当然，在得到帮助后，赵光也总不忘请对方吃一顿饭或者送一个小礼物。如此一来，朋友们都喜欢和他相处，而他也在轻松的沟通中收获了不少朋友和客户。

赵光还有一个习惯，就是能在QQ提醒近期有好友过生日时，及时为即将过生日的朋友留言送去祝福，要是条件允许，就当面送上祝福。

正是因为这些积累，赵光的社交圈得到了全方位的升级。而他本人也在短时间内从一个小职员升级为一个企业的项目经理。可以说，无论将来他从事什么样的职业，社交资源都是他宝贵的财富。

愚人错失机会，智者善抓机会，成功者创造机会。如果你不能像伟人那样创造机会给大家，也尽量不要像愚人那样总是错失机会，而至少要像智者那样，抓住应该抓住的机会。怎么样才能不错过机会呢？不断提升自己的能力以及社交圈的层次。

想方设法活泛你的社交圈

一个人在工作过程中，会遇到很多困难。团队是一个人无法脱离的存在，要想成事，就需要大家相互协作。所以，拥有一个良好的社交圈很重要，它能影响你工作的进度。

无论你现在身处哪一个行业的哪一家企业或哪一个组织的哪一个职位，在刚开始工作的时候，你的社交圈都会比较小。但只要你不断努力工作，不断提升自己的实力，不断有意识地拓展交际，你的社交圈一定会越来越大，社交资源一定会越来越丰富，社交质量一定会越来越高。

有一些人因为工作关系或者个人心态等原因，几年十几年过去了，人脉自然依然变化不大，还是那些朋友，还是那几张熟悉的面孔，和刚走进社会时差不多，这样的人往往事业发展得不够理想，日子过得也挺迷茫，不知道自己的未来何去何从。选择决定命运，如果你不能主动去改变自己，不能主动去提升自己，不能努力地拓展自己的社交资源，那么谁也帮助不了你。

张磊大学毕业后就职于一家企业，数年过去了，因为诸多原因他一直没有提升的机会。每天下班后，他都把自己关在房间里练练毛笔字，要不然就是和一群朋友喝喝茶聊聊天，如此度日。

一次偶然的机会，有位朋友建议说，既然大家待在各自的岗位都做不出成绩，不如自己搭建平台，大家一起做点事，然后朋友还提议了几个可以做的项目。

张磊听后，好好地琢磨一番，觉得这是一个很不错的提议。如果做好了，很快就能回本，一年就能有收益，两年就能在回本的基础上翻两番。

可是谁来执行这件事呢？即使是再缜密的布局和完美的方案，最终也还是需要有人来落实啊！方方面面都需要有人去做才行，一两个人肯定不能把这个项目给操作好。

于是，张磊联系了当初提议做项目的朋友。他又盘点了一下自己的社交圈，然后开始在脑海里筛选，看看谁适合拓展业务，谁适合搞公关，谁适合后勤支持，谁负责日常事务……

接下来的两个月，张磊辞职了，他每天招揽这些人谈项目。又过了两个月，张磊和他的团队正式成立。在办公室，大家热情洋溢地共同商讨，共谋发展。很快，这个团队开始正式运营，项目被团队快速地往前推进着，隔三岔五就有阶段性的目标圆满达成的喜讯传来。

从这个案例能看出，张磊并没有公开招聘过一个人，他的团队里面所有人都是他社交圈里的朋友。这些朋友不是某一天靠金钱关系建立起来的，而是在人生观、价值观有共识的基础上建立起来的，换言之，彼此之间很了解，对对方非常信任。

只要你能够打造出优质的社交圈，待你想要成就一番事业时，就一定能找得到一群志同道合的人和你一起干。

那么，怎样才能打造出一个优质的社交圈呢？肯定不是每天陪朋友们吃吃喝喝那么简单。时间和金钱都是人际交往的成本，必须要进行合理的规划。具体怎么做呢？下面内容可作参考：

首先，梳理一下自己的社交资源。一个人的社交资源通常主要包含三个方面：老乡、同学、朋友。其中朋友尤为重要，因为它的范围最广，同事、客户，所有合得来、谈得拢的人都可以叫作朋友，不分年龄和性别，都可以成为互帮互助、互相扶持、互惠互利的社交资源。

其次，一个完整的社交关系包含三个阶段：发掘人脉资源、经营交情、出现贵人。发掘人脉资源是一个很关键的步骤。无论是职场里还是生活中，人脉都是最重要的资源。因此，想创业就得广交朋友，积累人脉资源。这样一来，遇到困难时，这些人脉资源就可以帮助你解决问题。发掘人脉资源需要你主动去寻找人脉，当你找到自己想要认识的人之后，就应该想方设法地去认识对方。

但在大千世界，你怎样才能发现和判断哪些人适合做你的朋友，哪些人不适合与你在一起发展呢？物以类聚，人以群分，人与人之间的关系是复杂的，人们总是习惯跟自己脾气性格相投的人在一起。

一般来说，每个人身边大都会有这样三种人：

第一种人是可以做朋友但不可以一起共事的人。这种人会与你一起吃吃喝喝，听听你的心里话，让你发泄一下情绪，但是，当你需要他为你做点事情的时候，这种人一般都会避之唯恐不及，会以各种借口来推托，甚至离你远去。

第二种人是可以一起做事但不可以成为朋友的人。这种人比较懂得为人处事之道，与你一起共事时，总是能从双方的利益去考虑问题，顾全大局，竭力把事情处理得很好，但是，做完这件事情后，这个人几乎不会私下找你一起聚会聊天。

第三种人是可以一起做事又可以成为朋友的人。这种人讲原则、重感情，在一起共事的过程中，不仅能按照社会规则来办事，还喜欢站在你的角度考虑问题，能与你建立长久的友谊，不管你走到哪里，他都可以帮你一把。

对于欲谋求大发展的你来说，一定要警惕第一种人，认真对待第二种人，多结识第三种人。社交资源的建立并非一朝一夕之功，往往需要几年、十几年甚至几十年的培养和维护。因此，当你认识了第三种人后，就应该把对方当成是自己的好朋友一样来对待。

曾经有人说过，想知道你是什么样的人，看看你身边最要好的三个朋友就知道了。这句话很有意思，你不妨对照一下。所谓物以类聚，人以群分。你是什么样的人，你的朋友就是什么样的人，所以看到他们，别人就能了解你的性格和为人了。他们的穿着打扮、言谈举止，甚至身份地位、财富收入多少都反映着你的现状。可见，一个好的社交圈是多么重要。

找到正确的人，这是你打造社交圈的第一步。那么接下来呢？在你和一个人相处的最初，你要首先问问自己：他和你的身份、地位、价值观都接近吗？对此，我的一个好友曾对我说道：你和你的社交资源就是一个天平的两端，你有多重，对方就有多重；你有多少价值，对方就有多少价值。所以，要想提升和优化你的社交资源，首先要提升和优化你自己。如此，你才能找到和你志趣相投的好朋友。换句话说，你对朋友的要求，其实就是对你自己的要求。

一见如故的朋友毕竟少，更多的朋友是在一段时间的交往后相互了解了才结交成的。这种交往包含了两层含义：一层是你向他传递了你的价值；另一层是他向你传递了他的价值，有来有往，互惠互利，这才是真正意义上的人际交往。

在接纳和被接纳的过程里，你们彼此建立起了友好的关系。因此在人际交往中，一定不要吝啬你的价值传递。这些事也应该经常做做：没事请朋友吃吃饭，逢年过节送送礼，不忙的时候喝喝茶，对方有困难的时候伸出援助之手。这些行为都是在向别人展示你的真诚，正是你的用心促成了一次次交往的机会，彼此才可以更深入地了解和信任对方。

时间长了，你会发现，你和某个朋友是通过朋友的朋友认识的。当你把身边的朋友关系形成一个网络后，身居中心的你能游刃有余地与朋友交往。因为没有人比你更清楚，你的哪位朋友更适合做什么了。也就是说，在这个社交圈中，你成了信息和价值交换的枢纽，这样一来，会有更多的朋友愿意和你结识交往，然后形成更多的机会去扩大和提升自己的社交价值，久而久之，你就能建立起属于自己的强有力的社交圈，为你的生活和工作带来无法估量的巨大价值与助力。

看到这里，是不是心里一片释然。经营人脉与你的年龄、身份、地位等都没有关系，只要你想改变自己的命运，不妨从实际出发，去发展和你志趣相投的朋友，团结一切可以团结的力量，一起彼此成就。如果你已经是这方面的高手，那么恭喜你，你将会有一个美好的未来；如果你还是这方面的菜鸟，本书正是为你量身打造的。

看清真朋友还是伪朋友

我们的汉字非常有意思，例如，“人”字，看起来格外简单，却又蕴含着深刻的哲理。一撇一捺，你是一撇，只有找到能够扶持你、帮助你的一捺才能站稳，才能在社会上立足。还可以这样理解：人只有在取他人之长补自己之短，不断改进和修正自己的前提之下，才能站立起来。

这些诠释都说明了，人从一出生开始就需要有人帮助，从小需要父母，长大需要老师和同学，走上工作岗位后需要领导和同事，然后你的客户和社会各行各业的朋友加入进来，让你在扮演每一个角色时都可以找到认可、接纳和肯定你的人。

你也会发现，只有你自己先站起来，展示出自己的才华和魅力，才有机会和可能去吸引别人。这就要求你在社交关系中做到对待他人热情、真诚、坦率、活跃、可靠、正直、友好以及以心相见，才能被他人接纳、喜欢甚至拥戴。但是，人之所以复杂，是因为有时候人的表面和内心是不一样的。

有的人表面看起来很和蔼善良，实际上内心却很阴险毒辣；有些人表面看起来沉闷寡言，实际上是个热心肠的人；有些人位居高官，看似常人难以接近，实际上却是爱民护民的好官；有些人对你说的话总是让你很不顺耳，后来你却发现他只不过是“刀子嘴豆腐心”；有些人总是对你说着甜言蜜语，后来你却发现对方是一个口蜜腹剑的人……

人之所以复杂，就是在很多情况下其行为和初衷是相悖的，因此对我们进行人际交往、拓展社交造成一定的难度。如果单凭表面印象，你是看不出真相的，所以才有了这样一句话：“路遥知马力，日久见人心。”

这也提醒了每一个正在打造社交圈、拓展社交资源的人，在结交他人时，除了坦诚待人以外，还要有一定的设防心理。所谓设防心理，就是与他人相处时所产生的防范心理。例如，感到没有自己的空间，或担心自己是否会受到他人的伤害，或总是怕对他人说心里话会被人当成笑话等等。这些再正常不过，要知道适度的设防心理在人际交往过程中有一定的积极作用，它可以帮助你分辨真朋友和伪朋友以及防止被别有用心的人利用等等，所以我们提倡在社交过程中谨记：“害人之心不可有，防人之心不可无。”要是太敏感导致过度的设防又会在社交过程中产生负面作用，它会使周围人对你产生心理距离而敬而远之，从而对你正常的人际交往产生负面影响。

著名的雕刻家米开朗琪罗曾说过：“雕刻就是把不需要的部分去掉的一种艺术。”这句话说得十分精辟，不仅适用于艺术，也适用于人际交往。有人说，交友其实就是一种分辨哪些人不可交的艺术。在交朋友的过程中，一定要学会擦亮自己的眼睛，看清哪些人可交、哪些人不可交，然后尽量交那些可交的人，远离不可交的人。

如果在你的周围有下面这样一些人，请你一定要慎重对待：

1.太注重个人得失的人

通俗地讲，每个人进行人际交往、拓展社交，都是有着一定的目的的。例如，为了寻求帮助，为了获得利益，为了事业能进一步发展，为了找到兴趣相投的朋友……如果在人际交往过程中，过于注重自己的个人得失，无视他人的利益，最大的可能还是你自己。

生活中经常可以见到有一类人，为了个人利益，处心积虑、想方设法占熟人的便宜。为了一点蝇头小利，甚至不惜背叛朋友来满足自己的欲望。这样的人，也许会因此而达到目的，但仅此一次，因为谁都不傻，愿意谦让是因为对方还愿意把他当作朋友，看清真面目后，断送友情，终止利益，坏的影响口口相传，被隔离出辛苦经营起来的人际圈，仔细想想，得不偿失！

如今有一个现象：有一些人好几年都不联系你，忽然某一天给你打来了一个电话，告诉你，某月某日他要结婚了，他家的孩子要过满月了，他有乔迁之喜了，或者他遇到什么事了需要借一笔钱……很多人遇到这样的情况时都很纠结：去吧，已经没有什么交情了；不去吧，对方已经向自己发出了邀请。最后要么去了，带着满心的委屈和不快回来；要么不去，心里又过意不去。其实，最好的选择就是看对方的诚意。如果对方是真心希望你去，那你就去，反之，对方毫无诚意，只是想要从你身上获取利益，你就不去。总之，对于太注重个人利益的人，避之则吉。

2.太过挑剔别人的人

喜欢挑剔，从某个角度说是追求完美，从另一个角度说，是缺乏包容之心。这种人的特点是看什么都不顺眼，看什么都不如意，看别人不是这里有问题，就是那里有毛病，他们能在最完美的东西中发现不完美，能在没有问题的地方找出问题，能在每个人的身上发现让其不满意的蛛丝马迹……表面上一切都是为了你好，可一转身，你的那些缺憾就会被他放大，甚至到处传播。

李福强和吕明哲在起初交往的时候彼此对对方的印象都很不错，所以成了非常要好的哥们儿。由于李福强能力比较突出，品行也很好，在朋友圈里那可是有口皆碑。吕明哲虽然和李福强的关系不错，但当别人称赞李福强时，一事无成的他却总是很失落，于是经常在背后说李福强的各种缺点、犯过的错。经过他的渲染，李福强很小的缺点在他人眼中成了大污点。李福强很生气，便逐渐疏远了吕明哲。

这样的事情生活里处处皆是，你的身边总会有这样的几个人。假如你遇到了一个能在鸡蛋里挑出骨头的人，最好不要和他交朋友。他或许会貌似真诚地对你说："我这都是为了你好。"可你的勇气在他无限挑剔中渐渐削弱，自信受到打压，自卑逐日剧增，只要你见到他，就觉得自己什么都不是。曾经有前辈对我说："不看人对你，单看人对人。"很多时候，我们往往能从一个人对待他人的方式上看出他对待所有人的态度和方法。在你冷静的分析辨别之后，就可以做出决定，该不该终止和这种人来往。

3.太过忘恩负义的人

滴水之恩，当以涌泉相报。从小，每个人都被教育要怀有一颗感恩之心。感恩父母让我们来到了这个世界，感恩大自然给了我们丰盛的食物，感恩老师对我们的谆谆教导，感恩朋友的相助让我们渡过了难关……在报答别人的同时，我们也会付出行动去帮助别人，让别人也感恩我们。可见，每个人都可以成为感恩别人和被别人感恩的人。

然而，在新闻上经常能看到这样的消息，有善良的社会人士收养了一个孤儿，含辛茹苦地将其抚养成人后，他不但不报答养育之恩，反而向养父母索取财富。特别是当收养者年老、重病在身，看病住院耗尽家资的时候，他却神秘消失或者拂袖离去……这样的人、这样的事难免会让人心寒。所有不懂感恩，容易忘恩负义的人，都不值得我们交往。

很多读者看到此，心里明白几分，以上所说的这几种人不可交往，但生活中常常碍于面子，或者心存善良，抱有一丝幻想：或许他只是一时糊涂，或许他也会改变，那么，你就拭目以待，在他没有成为你想要的样子之前，请与之保持距离。归根到底，品行不端的人、只为自己着想不为他人着想的人，都不值得交，根据这条原则，你就很容易判断哪些人可交，哪些人不可交了。

把握说话尺度，否则祸从口出

在人际交往中，有一句老话非常有名，即“逢人只说三分话”，意思是，还有七分话不必对人说出。有读者可能要笑了：“我天生就是直性子，只要认定对方是朋友，那一定是芝麻、绿豆毫不保留地说个痛快。”毫不保留可以证明你的真诚，但证明不了你的聪明。

你但凡仔细观察就会发现，越是身份显赫、成就卓越的人说话就越谨慎。所谓“水深则流缓，语迟则人贵。”对此，你可以有一百种理解，但“交浅言浅，交深言深”是一条无数人通过血与泪的教训才收获的经验。很多时候，交浅言深，很容易给你招灾惹祸。“交浅”是因为大家来往还比较少，所以双方并不熟悉、不了解；“言深”是把心里话毫无保留地掏给对方。很简单，你的真诚会在不知情的时候成为对方抓住你的把柄，原因就是，你说的太多了。那么，怎么避免给自己招惹麻烦甚至灾祸呢？

首先，要看清对象。要了解对方是什么样的人，切记不是所有人都可以言无不尽的，初次见面说三分话已经不少了。孔子说过：“不得其人而言，谓之失言。”如果你和一个刚刚认识的人，相互之间都不怎么了解，但对方却对你畅所欲言，什么都说，以图一时之快，过足了嘴瘾。那么，对方说的很多话，你愿意听吗？他说的很多话，其实是属于他自己的事，你很可能不愿意听。同理，你若是什么话都跟不熟悉的人说，对方也不见得爱听。

其次，要看时机。说话有三种限制：一是人，二是时，三是地。不是性格相投的人不必说，性格相投但时机不对，也不能说。人对了，时机对了，地方不对，还是不能说。初次交往，有必要的信息可以适当透露，给对方一个暗示，看对方的反应。如果对方也和你一样，那就不要着急，后面还有很多机会。如果他是竹筒倒豆子，说个痛快，你也可以适当长谈，这才叫通达世故。

在某个单位里，领导需要派一位同事出去处理一件急事。有两位员工都是刚入职不久，一位技术精湛，但为人处世方面颇有欠缺。另一位，技术水平一般，但很懂为人处世之道。领导把他们分别叫过来，简单模拟了合作的情景。

第一位表现出了极大的热情，从技术到天气到酒店到美食，滔滔不绝地说了一通。领导不得不一次次地提示他，说正事，别说那些没用的。第一次合作，一定要注意说话的技巧，多余的话不要说。

第二位被请进来后，得知事情的经过后，略一思考便说："初次合作，双方都需要一个简短的磨合，在此过程中出现问题很正常，但只要我们友好合作，配合默契，就一定能顺利解决问题。"领导点了点头，于是派第二位员工出差了。回单位后，尽管这位员工的技术水平不算一流，却因为为人处世恰到好处，很快便被重用了。

在人际交往中，有些人为了显示自己的热情，很容易就对初识不久的人交出一颗真心，这是交往中的大忌。

还有另一种情况就是"交深言浅"。双方已经非常熟悉了，可你说话总是说半截留半截，假如对方和你知根知底倒也不计较，假如你们才认识不久，你这样说话未免会让人认为你心机颇重，不可深交。

交深和言深当为一体，交浅和言浅当为一体，千万不可混淆，否则会给你的人际交往带来负面影响。

史明刚刚调入新单位才一个月。在这一个月里，由于他处处小心做事，每每笑脸相迎，所以同事们对他也颇为友善，竟不曾遇到他所担心的任何麻烦。一次，他和一位同事谈得很投机，便将一个月来看到的不顺眼、不服气的人和事，通通向这位同事说了个痛快，甚至还批评了科里的几位同事的不是之处，借以发泄心中的闷气。

没料想由于他对这位同事了解甚少，不知道这位同事竟是个搬弄是非之人。没出几日这个人便将史明的这些“恶言”传给了其他同事。这一做法立刻让史明狼狈至极，很快就陷入了几乎在科室里没有立足之地的境地。直到此时，他才如梦初醒，悔不该因一时激动而没有管好自己的嘴巴，最后祸从口出。

可见，在没有熟悉和了解对方之前，千万不可“言深”甚至“言浅”。有时候，你多说一句话或者少说一句话，都有可能会让对方对你有看法。最好的做法就是，在陌生的环境里，尽可能多听多看多思考。适当地和不熟悉的人保持一定的距离，凡事采取适可而止的态度。要学习做一个聆听者；在聆听的过程中，通过不同的人和不同的角度多去了解别人，根据自己对这个人的了解情况，选择适当的话题进行沟通。当彼此之间熟悉之后，你当然可以畅所欲言，即使言而有过也无妨。

说话的确是一门学问。刚开始两个陌生人之间大都不会说过多的话，但是俗话说得好，“路遥知马力，日久见人心”，究竟是志同道合的朋友，还是损人利己的小人，经过几次接触之后，心里便会有几分把握，接下来该如何相处也应该知道了。总之，我们一定要明白“交浅而言深，既为君子所忌，亦为小人所薄”的道理，在说话时，一定要注意天时、地利、人和。

对症下药，巧妙应对控制狂

在你的工作和生活中可能会遇到这样的人，他们对你的生活和工作管东管西，横加干涉，活脱脱一副“控制狂”的样子，更要命的是，对于这样的控制狂你不但躲不掉，很多时候还要依靠他，他就更能打着“这都是为你好”的旗号，让你郁闷不堪。

小张刚进公司就遇到一位爱管闲事的同事老李。小张作为老板的秘书，每天的职责是招待客人、整理报表、制定行程安排等。老李看见小张给客人倒水，就嘱咐她用双手把茶杯奉上，以显示对客人的尊敬；提醒她整理未来一周的日程安排；告诫她，老板呼叫你时，要随呼随到等注意事项。刚开始小张很感激老李对她的提点，和老李的关系不错。可是，小张却发现老李对她的关心“越界”了。小张忙着手头的工作，被老李喊去整理资料；小张在会议时正发表自己的意见，却被老李插话打断。小张觉得老李的行为对她的工作造成了困扰，主动找老李交谈，老李语重心长地说：“我做这些都是为你好呀，你作为一个新人应该听从长辈的意见。”于是，问题没解决，老李仍然对小张的工作和生活指手画脚。小张每天紧绷着神经，压力大得感觉自己快崩溃了，上班期间情绪不高。有一次，老板看她情绪不佳，语气不悦地说："我需要的是一名干劲十足的秘书，不是一个天天魂不守舍的手下。如果你达不到我的要求，你就不是一名合格的秘书。"

实际上，我们的周围有不少这样的控制狂，在他们的眼里非黑即白，他的朋友不是天才就是笨蛋，他的朋友都非常出色，他喜欢从每一个细节上要求并控制他周围的人。假如你的生活中正好有这样一个人，而你不得不经常跟这个人打交道，你该怎么办？

躲起来？大哭一场？跟他对着干？显然这些方法都不可取，因为问题终归还是要解决的，我们要做的是"对症下药"。下面是几条行之有效的方法，你可以参考一下。

初级控制狂：

你跟这个人在一起就是不开心，但又说不上为什么。他说他是为你好，你也觉得他是为你好。你常常把自己的不开心归纳为"大概是忠言逆耳吧"。最重要的是，这个人对你来说非常重要，所以你要对这样的不舒服一忍而过。实在忍不了时，不妨寻找一个适合自己宣泄的途径，一定要记得，宣泄完了，还要一如既往地站在他的面前继续受他的控制。这就是所谓的"某某虐我千百遍，我待某某如初恋"。总之，就把这个人对自己所做的一切，当作是一种人生修炼。

中级控制狂：

你生活中的很多方面都被这个人所控制了。在他的指挥下，你做了不少你本来不会去做的事。例如，你根本就对酒精没有免疫力，他却要求你去做公关工作，陪客人喝酒；你原本想烫长发，她却坚持要你剪短发，还说那样年轻干练；你原本不能吃辣，她却非要让你陪她吃麻辣火锅；你根本不喜欢波希米亚风格，她却非要你穿那样风格的衣服……针对这样的控制狂，最好的方法是，迂回地与之周旋，若能既不得罪他又能躲避掉一些对方的安排，那就再好不过了。久而久之，他会慢慢察觉。倘若你对他很熟悉，不妨直接告诉他，总是这样控制你，让你很不爽。当然，说这话之前要权衡，你们的关系是不是适合这样表达。

高级控制狂：

一个顾及他人感情、心态开明的人，是不会毫不犹豫地给他人负面评价的，但控制狂可以。一个普通人是不会脱口而出“你就应该怎样怎样”的，但是控制狂可以。长此以往，你会自觉不自觉地以为自己真的不够好，就应该受到对方的操纵。

控制狂的撒手锏是，他会以你和他之间的感情做筹码，先是拼命对你好，然后要求你做某事并用“我对你那么好／我那么爱你／我帮了你那么多……”做论据，让你觉得负疚，如果你不那样做的话，就会觉得对不起他，如此一来，他的心思正好得逞。他会时不时地贬低你的品格和能力，让你觉得自己百无一用，然后又以你的保护人和指路明灯的身份出现，你在沮丧之下就投降了。

一旦认清了控制狂的本质，你要做的就是把心硬起来，所谓的“硬”，是坚持自己的原则和底线，维护自己的尊严，按照自己的风格做人做事。无论是跟谁交往，无论这个人在你的生命中扮演的是什么角色，首先你应该明白的就是做好自己，如果因为他的控制而背叛了你自己，那就大可不必坚持。其次，摆脱控制狂要讲究策略，只有策略得当，才会既不损害你和他之间的关系，又能达到你的目的。

小叶在一次聚会上认识了自己的男朋友小王，小王岁数比小叶大，他成熟稳重的特点立马吸引了她。于是几次交往下来，两个人就确定了关系。起初，小叶也没觉得有什么地方不对劲，除了平时交往之外，小王对她的工作也很是关心，时不时给她一些建议，比如对公司领导要借机而上，对同事要利用小团队的力量，比如要经常搞好关系为自己赢得好人缘等等。时间长了以后，小叶渐渐地有些无法忍受了，小王对她的控制越来越厉害，甚至已经超越情侣的范围。

有一次小叶和客户吃饭，两个人相谈甚欢，没想到这一幕被小王看到了。事后，小王对小叶严加指责，并且不允许她和异性客户有过于亲密的行为。小叶听后心里很难过。

每天生活在小王的“关怀”之下，这也不行，那也不行，小叶觉得自己正逐渐丧失自我，这让她很困惑。后来在朋友的指导下，小叶和小王好好谈了一次，把自己的感受和底线告诉了小王，希望小王尊重她个人的行为。一段时间之后，小王渐渐放松了对小叶的控制。

在面对“天生控制狂”的时候，一切都要以底线为基准，在做好自己的基础上，尊重对方，建立信任。如果不能保全你的做人原则，就只能以自我底线为最后的筹码。触及了底线的言行，绝不退让。

这里有几则小贴士供大家参考：

1.先顺从。无论他说什么，如果他的本意是友好的、善良的，那么首先认可他所说的，这是对对方最起码的尊重，在此基础上你可以提出你的想法。

2.建立信任感。如果你的行事方法给他的印象就是马马虎虎的，难免会得到他更多的关注。因此要严格要求自己，尽可能减少形式上的错误，遵守你们之间的交往习惯，逐渐消灭对方对你的反感和厌恶。如果他事事干预，你就要根据实际情况恰当地表明你的态度，以不超越你的底线为原则，不能受控于他，更不能成为他的棋子受其摆布。

3.做好自己。每个控制狂都会有他热衷控制的领域，有些人喜欢控制你的生活，那么你不妨将重点转移到你的工作中去。有些人喜欢控制你的工作，那么你不妨将重点转移到生活中去。在逐渐的转移和冷淡中，若即若离、不远不近的关系恰好给了你自主的空间，也给了他观察你态度的时间。时间一长，对方也就不会再纠结了。

做个人见人爱的“万人迷”

一个人喜欢参加群体活动、喜欢往人多的地方去、喜欢与他人打交道、喜欢在群体中表现自己、善于利用群体的力量等，就叫作“乐群性”。乐群性是衡量一个人的性格是内向还是外向的重要标志。一个内向的人往往不喜欢参加群体活动，而是喜欢独处，但越是独处就越会使得这个人变得孤僻，越发不知道该怎么和他人沟通交流及良好相处。

一个性格外向的人往往很喜欢参与群体活动，喜欢往人多的地方去，喜欢关注他人。这种乐群心理最有利于拓展一个人的社交圈。不仅如此，喜欢和群体待在一起的人，往往善于通过群体的力量随时调节自己的情绪和对待生活的态度，使自己能一直保持愉快的心境，对于身心乃至生活工作无不是一剂良药。

有人说，“江山易改，本性难移”，人的性格是天生的，要想改变性格可不是一件容易的事。尽管如此，但很多事实证明，通过正确的方法性格其实是可以改变的。如果你想拥有优质的社交资源，首先必须培养自己的乐群性。关键点在哪里呢？在于要学会多发现他人的优点，多挖掘群体的好处，多鼓励自己融入人群之中，多享受群体交流带给自己的快乐。

在一次聚会时，柔柔和几个刚认识的朋友聊天。当聊到各自的年龄时，年轻活泼的张萍说："我是79年出生的，谁的算术好，算算我今年多大啦！"大家一起发出"哇"的感慨。怎么形容她呢？年轻、知性、时尚、热情。坐在旁边的刘婷婷也惊讶道："哎呀，我还比你小六七岁呢，怎么看着比你还老很多。"李蕾从进门的时候就表现得很安静，一直是一个人安安静静地吃东西，安安静静地看着大家聊天，安安静静地欣赏着周围的景致，安安静静地玩着自己的手机。

柔柔对她一度也很好奇，难道周围的一切没有一丁点儿让她感觉新奇的东西？李蕾轻轻地拨了一下自己的头发，说："我平时喜欢宅在家里，不太出去，也不太喜欢认识陌生人，生活过得很安逸，已经没了那些欲望。"

她说得很平淡，大家听着却觉得很可怕。因为安逸，所以连让自己接触新鲜事物、结识新朋友的机会都给扼杀了。不难想象，这种慵慵懒懒、毫无激情的生活带给她的就是现在这种不修边幅和提前衰老的模样。

如果一个人对生活充满激情，对交际充满兴趣，他就会主动去结识他人，并且通过了解，共同分享彼此的价值。有的人不愿意让别人了解自己，同时也不想去了解别人，总是担心别人会看不起自己，会给自己贴上自己讨厌的标签，从而让自己在交往中抬不起头来。这些其实都是消极、错误的想法。要知道，在人际交往中尊重别人也是赢得别人尊重的最直接的办法。

社交圈里的信息传递是相互的。内向的人因为不愿意让别人了解自己，因此不敢过分表现出自己对他人感兴趣，害怕对方也对自己感兴趣，想要了解自己。这样的心态传达给对方的时候，对方就会以为你这是在拒绝和传递不友好，所以对方也会悄悄地收起他的友谊。

有句话说得好，"生活就像一面镜子，当你对它笑的时候，它也会对你笑；当你对它哭的时候，它也会朝你哭。"朋友之间也一样，当你向朋友表达真诚和热情时，他也会向你传递同样的信息。当你表达谨慎和猜疑时，他就会用同样的态度和你保持距离。通过你的肢体语言、你的眼神、你的反应以及你投入的程度，别人就可以判断出你是否是一个容易接近的人。

如果你的内心需要和朋友分享你的快乐和苦恼，遇到困难的时候，你需要寻求帮助，你想在人际交往中遇到未来你对很有帮助的人，那么无疑你是一个需要主动走进人群里的人。实际上，如果你表现得很友善，那么即使是一个陌生人，也会给你回报友善。试想谁会真正排斥一个对自己十分友善的人呢？

如果你也想拥有一个不断给你提供助力的社交圈，你也想过上优质的生活，你也想达成一个又一个目标，不妨从现在开始，走出家门，收起你的敏感和自卑，大大方方、开开心心地去培养自己的乐群性吧。

一个人要想拥有乐群性，进而扩大自己的社交圈，提升自己社交圈的层次和含金量，是需要一个阶段一个阶段来经营的。就像一个人降临到这个世界上后，要先学会爬，然后再学会走，然后才是学着跑。饭要一口一口吃，路要一步一步走。欲速则不达，一定要有耐心。在拓展社交资源的过程中，我们已经知道，人际交往其实有着许多的技巧，只要你能体会到在人际交往中你比以前有更大的进步和提高，就应该感到高兴和欣慰。

如果你现在还不善言辞，但又希望成为人际交往的高手，最有效的方法是，掌握好提问与倾听的技巧。

当你掌握了这些交际技巧后，你会发现自己认识的朋友越来越多了，生活变得越来越丰富多彩了，性格也变得越来越开朗了。这就是你逐渐有了乐群性气质的体现。这个气质会令你非常具有亲和力，能让熟悉你的朋友从心里愿意和你更近一步，让不熟悉你的朋友有想去主动认识你的愿望，希望和你成为很好的朋友。于是，你身边的朋友就会越来越多，你就能很快建立起稳定的社交圈了。

寒素以前是个性格内向的人，他的朋友不多，但不可否认他是一个善良的人。经济窘迫的生活让他倍感狼狈，也让他更加忧郁内向。

有一次，在路上，他遇到了一个晕倒的老头。寒素二话不说就将老人送到了医院，并且自己掏钱垫付了医药费，忙前忙后地折腾了一个多星期，老人终于康复出院了。

老人了解到寒素是卖土特产的，但因为不懂得经营，也没什么人脉，所以生意一直做得很差。老人回家后，马上给远在新加坡做食品生意的儿子打了一个电话。过了几天，老人的儿子联系了寒素，并且高价购买了他的一批货。寒素的生意顿时好转了。

这次经历让他尝到了人际交往的甜头，他开始主动和街坊邻居打招呼，开始主动去和客户联络感情，慢慢地，他变得越来越开朗，经常可以看到他和别人谈笑风生，好的性格带来好的人脉，好的人脉让他的生意做得越来越好。两年后，他已经在他所在的城市开了10家分店。

乐群性在拓展社交圈的过程中是非常重要的。如果你具有这样的性格，就一定要好好地利用它，用它来帮助你迅速拓展社交资源，成就幸福的生活。如果你的性格内敛安静，不妨试着去主动交往，当你通过积极阳光的力量去和人们打交道时，大家都会觉得和你相处很舒服，都会喜欢你，于是你便成了一个人见人爱的“万人迷”。到了这时候，你想成就什么样的事业，就不用担心没有人会帮助你了。

Chapter 5

拓展社交圈的“灵丹妙药”

第一印象是社交的第一张名片

在宴会或者沙龙中，你常常会发现这样的现象：有的人很受大家欢迎，走到哪里都是众人的焦点，谈笑风生，欢畅自在；有的人不受他人欢迎，一个人默默地从头坐到尾；有的人很受大家尊敬甚至崇拜，德高望重；有的人言行举止粗俗浅薄，让大家厌烦甚至鄙视……

每个人的内心都渴望成为那个受欢迎的人，从他人开始与你交谈时，你就能感受到你们之间的距离正在逐步缩短、彼此间的信任感正在逐步增强。那些吸引力强、魅力四射的人究竟有什么秘诀呢？心理学家赛伯·贝利认为，积极主动是一个人受别人欢迎的关键所在。“心理学家称之为情绪感染，”他说，“那些讨人喜欢的人很擅长表达情绪，特别是积极的情绪。”当这种积极的情绪被使用在与陌生人的初次见面时，往往能产生巨大的效应。

善于经营社交资源的人都知道，在拓展社交圈的过程中，能够给别人一个良好的第一印象，往往对两个人的人际交往向好的方面发展起到极为重要的作用。两个陌生人在初次见面时，在互相不了解的情况下，只有凭借言谈举止来初步判断这个人是不是符合自己人际交往的标准，对方是不是可以长期交往的人，对方可以帮到自己什么，而自己又能给对方提供什么价值……

这些初步的结论，都将在第一印象里形成。

有人曾说：“在与人交往的过程中，前三分钟实在很重要，第一分钟我们展示形象，第二分钟我们展示诚信，第三分钟我们展示风度。三分钟以后，才是显示我们的能力以及对方给我们打分并决定是否与我们深交或合作的事情。”所以，我们要树立自信心，掌握人际交往的技巧和方法，把握好人际交往的第一印象，抓牢前三分钟的交流，为成功之路做好铺垫。

根据印度马德里孔普卢栋大学心理学教授玛丽亚·阿维亚的研究，与人初次交谈时，非口头语言可提供60%~70%的信息。那么非口头语言方面的信息都包括哪些呢？例如，从一个人的穿着打扮、言谈举止等基本信息中，我们可以提取到一些资料，由此初步判断出他（她）是一个怎样的人。在许多公共场合中，我们虽然没有与别人交往，但往往可以根据别人的外表、行为特征来推断这个人的身份、性格等。这就是第一印象的重要性所在。

那么，怎么样才能给别人留下美好的第一印象呢？需要注意以下这几个方面：

（1）衣着整洁大方；

（2）待人不卑不亢；

（3）显露自信和朝气蓬勃的精神面貌；

（4）讲信用、守时；

（5）注意文明礼貌。

虽然每个人都希望自己给别人留下良好的印象，但常常在不自觉间还是有一些小动作出卖了你，在你做出下列这些动作的时候，其实已经悄悄地为你给他留下的印象减分了：

（1）初次见面就爱讲私生活或个人问题；

（2）搬弄是非或批评他人；

（3）只谈论自己；

（4）过于活泼或爱开玩笑；

（5）举止莽撞冒失；

（6）自己高谈阔论却不给对方说话的机会；

（7）认为自己永远有理或目空一切。

由此可见，在人际交往中，要给人留下美好的第一印象并不是一件容易的事。对此，小张有着深刻的体会。

小张大学一毕业就进入了一家企业，并已经工作了四年多。和绝大多数上班族一样，这四年多时间里他既有愉快也有难过，总体的感觉是过得普普通通、平平淡淡。直到去年，小张受一个朋友的邀请跳槽到另一家企业去做了部门经理。

刚到那家企业时，老板专门找时间和小张聊了一个多小时。结合小张的过去和目前的工作现状为小张提了一些善意的建议，最后亲自将小张送出了办公室。这次和老板的谈话给小张留下了深刻的印象。

老板和小张的谈话内容以及握手、微笑等细节，都体现出了对小张的尊重，令小张非常感动。这也使得他自觉地把激情投入到工作中去。

直到小张升为老板的贴身助理，他才和老板聊起了这件事。老板听后哈哈一笑，说："其实我和所有的人都是这么交往的。"

受益匪浅的小张也开始将此运用到自己的社交活动中。在和朋友交往时，尤其是在和陌生人交往时，他也像老板那样微笑着专注地倾听对方讲话，并且适时地谈一些自己的个人见解。他注意到，当他做这些的时候，对方表现出了更多的热情，也给予了他更多的信任和真诚。

有一句话说："永远不要越过他人的肩膀去看周围是不是还有'更好'的人，在适当的时候给对方一个回应，例如'哦，真的吗'来表明你正在专心倾听。”

人际交往中需要彼此呼应。如果你报之以微笑，对方却无动于衷时，你是不是会对他的第一印象很不好，从而直接影响到后面和这个人的交往？是的！

其实人和人之间的交往与相处非常简单，真实地展示自己，用你的热情和真诚去和每一个人交往与相处，相信大家都愿意拥抱一个向自己敞开怀抱的人，而不是攥着拳头或者敏感谨慎的人。

就像每一朵花都有自己专属的特质，人们也是因为这些特质而喜欢上了这些花。作为花朵来说，不掩饰、不做作，是什么就是什么，单纯而又自然，这就是最珍贵的品质了。希望你也如此，无论是首次见面给他人留下的第一印象，还是后续的交往，都能保持一颗本真的心，展现出你最美好、积极的一面。坚持一段时间后，我相信你的社交圈会越来越大、含金量会越来越高，能帮助到你的人越来越多。待帮助你的人越来越多后，你想要的生活和目标将会越来越容易实现。

礼貌、真诚使别人靠近你

一个创业者谈到，他曾经花了半年时间到北京大学中国企业家特训班上学、交朋友，随后才创立了公司。他起初的十几单生意，都是依靠班上同学的帮助才做成的。几年后，他又加入了一个金融投资家进修班。正是这两个学习班让他身价大增，周围的朋友纷纷加入他的合作圈，有的和他成了要好的朋友，有的和他成了合作伙伴，这样一群拥有优质资源的人在一起互相促进，互相成就。

一个人一定因为一些特质才会吸引周围人，比如很有才华，比如热情善良，比如勤奋诚恳，比如乐于助人、喜欢分享……中国人比较含蓄，尤其是在人多的时候，或者身处一个陌生环境的时候，总是善于将自己掩藏起来，而不是像一些外国人那样热情。这一点需要提醒年轻读者们注意，在人际交往时，太过含蓄往往并不是一件好事。

有一次，张磊坐飞机去厦门，飞机上张磊的邻座是一位欧洲人。在飞机飞行的过程中，张磊一直拿着一本书看，其实什么都没有看进去。这时张磊听见邻座用英语小声地对他说了一句“你好”。张磊在听清楚后，顿时一阵紧张，这种紧张源自：第一，他对张磊而言是陌生人且还是陌生国度的人；

第二，张磊的英语水平比较低，如果再聊下去的话，恐怕连他说什么张磊都不知道。在这样的情况下，张磊只是对他点了点头，微笑了一下。

看到张磊微笑，他也笑了，然后开始和张磊聊天。当他发现张磊讲英语很吃力后，他便主动地用蹩脚的汉语来和张磊交流。张磊不好意思了，于是便一会儿英语一会儿汉语地和他聊了起来。虽然他们聊的内容并不多，但聊得很愉快。因为第一次到厦门，那位欧洲人对那里并不熟悉，得知这个情况后，张磊便向他推荐了一家还不错的宾馆，并给那位欧洲人讲起了他发生在那个宾馆的快乐往事。就这样那位欧洲人的住宿问题解决了，你说奇妙不奇妙？

这次经历提醒了我们，在与他人交往时一定要主动、真诚与热情，这样才能让他人主动地融入自己的社交圈里来。

相信正在阅读这本书的你一定具有良好的判断能力，知道优秀的人大都具备这样一些特征：衣着整洁、有品位，谈吐礼貌优雅，态度真诚善良，待人大方热情……简单而短暂的接触后你就可以做出初步判断：他是否是可以交往的人。假如是，你不妨也像对方一样热情饱满、真诚友好，因为这正是你建立良好人际关系的绝佳机会。这一点，聪明的你必定能意识到。

“嗨，今天天气不错哟！”

“这里的景色真美！”

“参加这样的论坛收获真大！”

“我想寻找这个城市的希尔顿酒店，你能帮到我吗？”

……

语言不就是用来沟通的吗？即使语言不通，我们还有微笑，还有真诚而丰富的肢体语言，竖起大拇指赞赏或者给对方一个热情的拥抱，这些都是开启良好人际交往的美好序幕。有句话说得好，“当你微笑时，世界就会朝你微笑；当你哭泣时，世界也会朝你哭泣。”意思其实就是，你的心态决定着你和这个世界交往的结果。只有你主动地用真诚饱满的热情去接触对方的时候，才可能在第一时间赢得对方的信任。

当然，这个前提是，首先你要肯定自己、相信自己。肯定自己的第一步，是不再用别人的标准来判断自己，你必须建立起自己的价值观，并把它应用于生活，同时必须学会独处，减少自我挑剔。除非我们能确实地喜欢自己，否则我们真的无法喜欢别人。心理健康、成熟的人的标志之一是“喜欢自己”，当然这里并不是自以为是，而是冷静、客观地接受自己，并怀着自尊心接受自己。

一个心理成熟的人，绝不会躺在床上想自己哪里比不上别人，或者为自己没有别人富有、优秀而忧伤不已。不切实际的猜想往往是徒劳的，对于自己个人发展和人际交往常常是百弊而无一益的。

“他为什么这么主动地来和我交往，一定是想利用我。”

“我可不会吃亏，不然就被他笑话了。”

“智力障碍者才会那么天真，相信他说什么就是什么。”

……

人际关系的重要性再明白不过。尼采说：“不能听命于自己的人，就只能听命于他人。”放下那些干扰你人际交往的负面情绪和想法，对着镜子里的自己微笑，并对自己说：“你是最美的。你是最棒的。你是最受欢迎的。”只要对方需要，你要你愿意，互相帮助又如何？吃点小亏又如何？人际交往里不需要含羞草，而是要让自己做一朵向日葵，温暖、阳光、积极、热情，将周围的朋友都吸引过来，共享、共赢！

朱桢是某个俱乐部的会员，该俱乐部的宗旨是资源共享。在这个俱乐部里面有许多企业老板，大家每次相聚都会聊得热火朝天。会员们每次去都会主动询问有谁需要帮助，愿意共享自己拥有的资源。大部分会员都已从中获益不少，也正因此，这个俱乐部会员的数量每年都能增长数倍。

朱桢除了做生意，他生活中的一项重要内容就是在俱乐部里不断地认识新的朋友。“朋友在先，生意在后”一直是他的经商理念。有一次，他在俱乐部参加聚会时认识了一位俄罗斯商人，是做进口灯具生意的。这位俄罗斯商人在和浙江一家灯具厂谈生意时出现了僵局，双方在合作之初曾商定过，先预付30%的货款，收到货后检验合格再付剩余70%的货款。这位俄罗斯商人收到货后发现有一些残次品，于是要求退换货，可浙江的厂商不同意，于是双方出现了僵局。

朱桢得知此事后，主动去了一趟浙江，从中斡旋，顺利地解决了这件事。从此朱桢就多了这位俄罗斯朋友。这位俄罗斯朋友不但给朱桢介绍了皮草生意，在他儿子大婚的时候，还主动邀请朱桢去俄罗斯参加婚礼，并且提出报销往返路费。

朱桢主动去认识这位俄罗斯商人，并且主动帮助他解决问题，他的真诚和热情就不言而喻了。也因为他的这些表现，很快赢得了俄罗斯商人的信任和接纳，于是他们成了很好的朋友。即使那个俄罗斯商人后来没有给朱桢介绍皮草生意，他们依然会成为很要好的朋友，并且在日后的生意场上互相帮助和扶持。

人与人的交往其实就是这样，有时候看起来很复杂，但很多时候我们发现其实也很简单。只要付出真诚和热情，即使对方是一块冰，天长日久之后，也会被你融化，自然而主动地融入你的社交圈里，成为你一个不可或缺的朋友，成为你未来事业发展的巨大的助力。

用你的微笑就可以把大家给迷住

微笑也许是人类最美的表情了。在人际交往中，微笑代表着和善、接纳和包容，能消除陌生感、紧张感、警惕感以及疲劳感，从而使人在心理上产生亲近感、安全感和信任感。一个绽放的笑容能迅速缩小彼此间的心理距离，创造出和谐、融洽、互尊互爱的良好氛围，在交流与沟通中起着润滑剂的作用，有助于交际成功。

你是否发现，一个严肃的人总是让人很难放松和接近，相反，一个面带微笑的人总是让人感觉到和蔼可亲，值得信任。保持微笑，至少有以下这几方面的作用：

一是表现出了良好的心境。面露平和欢愉的微笑，让人感觉内心丰盈、心情愉快，充实满足、乐观向上，这样的人更容易产生吸引别人的魅力。

二是表现得充满自信。面带微笑，表明了对自己的能力有着充分的信心，能以不卑不亢的态度去与人交往，使别人容易对其产生信任感，容易被别人真正地接受。

三是表现出真诚与友善。微笑能反映一个人心底坦荡、善良友好、待人真心实意而非虚情假意。一个面带笑容的人不自觉地能使他人在与其交往中自然放松，缩短彼此的心理距离。

四是表现出其乐业敬业的态度。在工作中若能保持微笑，说明这个人热爱本职工作，恪尽职守。如果在服务岗位上工作的服务人员能学会微笑，就更是能创造出一种和谐融洽的气氛，让服务对象倍感愉快和温暖。

因此，微笑在人际交往和拓展社交的过程中是必不可少的。没有微笑，你就推销不了自己，别人也不愿意接受你，尤其是当你还处在社会底层时，不会微笑会使你走向极端，走向黑暗。只要用心就可以发现，但凡成功的人都是善于微笑、善于交际的人。

米拉刚当上公关部经理的时候，一度向麦莉诉苦，说领导实在不好当。问其原因，她说上下沟通难，不管她吩咐什么，下属似乎都有抵触心理。上司布置的任务重，拼尽全力最后也没落好。后来，有一次麦莉在米拉的公司遇见她给部门的人开会，隔着玻璃门，麦莉发现整个45分钟的会议里，她从来没有笑过一次。麦莉的疑问很快得到证实，建议她下次开会的时候面带微笑，看看效果会有什么样的变化。一个礼拜后，米拉惊喜地给麦莉打来电话，说部门的整个气氛融洽多了。大家也愿意主动找她沟通了。一个长期僵持的问题竟然因为微笑而得以解决，不得不说，微笑在工作和生活中其实大有作用。

事实上，无论是面对面还是在电话里，微笑都是最容易感染对方和最容易拉近彼此心理距离的法宝。微笑着跟人打招呼，微笑着倾听对方的述说，微笑着表示赞同，用微笑的眼神鼓励对方说下去，微笑着去感受身边的人和事……作为一名领导，你可能每天需要面对很多人和事，而当你用微笑去面对时，结果就会很不一样。若想让自己成为一名有亲和力的上司同时又被同事所信任，那就学会微笑吧。学会对人微笑，不但能让人感觉心情愉快，也会让自己倍感轻松。

在人际交往中，尽管微笑的魅力显而易见，但是我想说的是，并不是非要对所有人都微笑，也不是随时随地都要微笑，唯有将这个美丽的表情用在恰当的时候、恰当的人身上，它的效果才会是惊人的。

当你和一个陌生人谈一个严肃的话题时是不能微笑的，比如对方告诉你一个不幸的消息或者你的谈话让对方感到不愉快的时候，都不应该微笑，而应该根据对方的情绪和心态做出相应的调整，这样才能跟上对方的情绪步伐，使得你们成为同一节奏的人，并以此拉近距离。

微笑也分很多种，和不同的人在一起会有不同的微笑。尊重、真诚的微笑应该是给长者的，关切的微笑是给孩子的，暧昧的微笑是留给心爱的人的……当你面对的对象不同时，切不可表错意。笑容虽美，一定要恰当。

当你以具有特定含义的笑容面对特定的人时，对方会体会到自己的特殊性和重要性，从而引起对你的重视，这样也便于对方将你和其他人区分开来，给予你特殊的心理关怀。

在一次盛大的宴会上，卡耐基正在和朋友聊天，突然听到旁边传来议论自己的声音。卡耐基顺着声音看去，见到一位衣冠楚楚的商人正在高声谈论着卡耐基，说了一些不礼貌的话。商人并不知道卡耐基就在他的身边，宴会的主人立马上前提醒他。当他在人群中发现卡耐基时，尴尬得脸一下子红了，不知道该怎么办。卡耐基却似没听见一样，微笑着主动上前，握着商人的手并和他聊天。后来，这位商人成了卡耐基的好朋友。

一个聪明的人会懂得巧妙地利用自己的资源，即使是微笑，也是要笑给特别的人看的。在特殊的场合，两个人相视而笑，彼此会感觉如沐春风，尤其是当这种笑是发自内心的时候，自然真诚的表情更会使对方觉得你亲切、友好、得体。切记，绝不能为了笑而笑，更没必要装笑，否则假惺惺的表情只能让人觉得你不可靠、不值得信任。

微笑可以拉近人与人之间的距离，赏心悦目的笑是你人际交往的一剂良药。只是，微笑要恰到好处，当对方的目光看向你的时候，你可以直视他，并点头微笑。当对方发表意见时，你可以一边听一边不时地微笑，表示对他的观点的认可和赞同……如果不分场合，不分对象，想笑就笑，笑得很放肆很没有节制，就容易有失身份，甚至引起对方的反感。这是你要特别注意的。

不要输在不会说话上

孔子会说话，培育了门生三千，推行儒家思想遍及天下；苏秦会说话，使乱世纷争的战国得以安宁；丘吉尔会说话，拯救了二战期间的英国子民；甘地会说话，促使印度独立；张瑞敏会说话，把海尔推向了世界；马云会说话，创造了网络财富神话……

一言之辩重于九鼎之宝，三寸之舌强于百万之师。语言是一门艺术，恰到好处的表达方式可以充分表现出一个人的软实力，也能为这个人带来更多的社交资源和赢得成功的机会。其实，无论是谁，只要经过不断地演练，都能提升自己的说话能力和交际水平。当你拥有了强大的说话能力后，你会发现更容易拓展自己的社交圈了，你更容易说服那些能帮助到你的人来帮助你。

“我是个直性子，说话不会拐弯抹角，说的不对你别往心里去啊。”在现实生活中你会经常听到不同的人说这一同样的话。以前，我认为这是性格直爽的充分体现，后来我发现这其实是不会说话的直接表现，甚至，从某种角度上看，这类人的情商比较低。仔细观察，你会发现，那些会说话的人往往朋友都很多，社交资源非常丰富；那些标榜自己直性子不懂说话艺术的人，其身边都不乏和他一样的说话不懂得拐弯抹角的人，这是属于他们的小圈子。

语言表达能力体现了一个人的思辨能力。会说话的人往往思维缜密，做事井井有条，判断力强。不会说话的人常常会因为一句无心的话而惹恼别人，甚至过了很久自己都还是没搞明白对方为什么会生气。还有一类人，说话总是吞吞吐吐、词不达意，做事犹犹豫豫、优柔寡断，令别人与之沟通起来非常吃力，这类人即便自己有很多的想法、思路、创意，对方也没有多大的耐心听其讲完。这说明一个人想要会说话，不但要懂得斟词酌句，还要掌握表达的技巧，只有两者结合起来，才能成为一个会说话并且受大家欢迎的人。

沈玲玉是多家企业的咨询顾问，一年到头她都要在公众面前演讲，是公认的“快嘴”。其实在念大学之前，她的说话能力非常糟糕，还有点儿口吃，说话的时候吞吞吐吐的，半天也说不明白一件事。上了大学以后，她的一位学长邀请她参加了一个重要的辩论比赛。在比赛前学长对她进行了专门的培训，整天让她不停地说、不停地练。三个月后，她不但在比赛中表现得非常出色，而且说话的速度比那位学长还快，同时词汇的运用也是恰当自如，引导众人的情绪随着她的讲话内容时而高涨时而低落。

这样的人无疑是让人羡慕的，可羡慕终归不能为自己拓展社交圈，引来贵人。要想改变自己、突破自己，还需要多掌握语言表达的技巧，平时多留意观察那些优秀的人谈吐做事的风格，从每一个细节练起，时间久了，自然就会游刃有余了。如果你真的能够下定决心，并且能够坚持下来，相信越来越多的朋友会因为你巧舌如簧而围绕在你的周围，毕竟谁都爱听顺耳的话，谁都爱听贴心的话，谁都爱听温暖的话，这是人的共性。

要练好口才，学会说话，就要从积极主动的表达开始。要积极表达，首先是要培养一种积极的心态。只要环境与场合允许，只要有适合的话题，你都可以去表达你的内心。沈玲玉当初就是这样。在参加辩论赛之前的那段时间，她把自己一个人关在宿舍里，对着镜子，进行一个人的演讲："各位亲爱的伙伴，大家好……"反正外面的人也听不到她说话，因此她就非常自然地、无所顾忌地演讲。有时候，在电梯里，没有旁人的时候，她又开始练习了："你今天的气色真不错，看起来精神很好……"几年下来，她凭借好口才赢得了不少的朋友，事业也蒸蒸日上。

其次，要对着镜子练习说话时微笑的表情和手势。如果一个人说话的时候脸上没有表情，身体没有任何姿势，就和机器人没有什么两样了。所以在说话的时候，表情、动作和遣词造句是一样重要的。

当你有了这些基本功以后，你就可以开始实战了。记住，请每天给自己找至少5个人去积极地交流，这5个人可以是你的家人，你的同事、朋友，你的邻居或者孩子的老师，在和不同的对象沟通之前，先问问自己，你面前的这个人他内心需要什么？如果是家人，自然需要你的健康和平安；如果是你的领导、同事，自然需要你的认真努力、工作配合，如果是邻居，你可以聊社区环境或者物业服务；如果是孩子的老师，那就更好办了，说学校和孩子之间的事情，站在一个老师的角度去分析问题，那么说出来的话，自然就是对方想听的也是爱听的话。这样一来，不但你的问题迎刃而解，而且不知不觉中多了一个朋友，多了一分收获。

一个真正会说话的人，能够把话说到对方的心坎里。所谓"话不投机半句多"，如果别人对你的话题不感兴趣，就算你把话说得再动听，也达不到你想要的目的。通过交流，你就能了解到最近大家在关心什么、对什么事物比较有兴趣，然后你再就大家感兴趣的东西发表你的看法，就可以通过交流来促进彼此的感情了，这是多么令人惊喜的交际效果！

要学会积极表达，还有一件事是必须长期坚持的——广泛地阅读。一本书为你打开一个世界。多读书，站在读者的角度多去研究大众的心理，知道不同的境遇、不同的身份的人都在说什么样的话，渴望听什么样的话。有句俗语说“一句话说得让人笑，一句话说得让人跳”，还有俗语说“良言一句三冬暖，恶语伤人六月寒”，说的都是一个道理，沟通需要技巧，技巧在于学习和练习。掌握一些哲学和推理方面的知识，也有助于你发挥语言的魅力，并适时地促成你与别人人际交往的成功。

小刘和小宋一起去某个社区办事。因为看不到社区标识，他们不知道这个社区都住着什么人。于是，小刘问一位大爷：“老师傅，咱们这社区里都住些什么人啊？”老大爷抬起眼睛淡漠地看了他一眼，不做回答。小宋看到一位大爷在看书，就过去搭讪：“嘿，今天的太阳可真暖和，晒着人特舒服。大爷看的书也一定是让人很舒畅的吧？”大爷来了兴致，让小宋看了看书皮，原来是《山楂树之恋》。由此打开话题，小宋和大爷你一句我一句地聊了起来，最后他知道这里是一所大学的家属院，里面住的都是教授学者身份的人物。看到这里，你就明白为什么老大爷会不理睬小刘了吧。

无论你有多么好的口才，开口之前先确定对方的身份、对方擅长的话题、对方喜欢的表达方式，然后问问自己：你说话想要达到什么目的？这个地点、这个时机该怎么说才更合适一些？如果你实在掌握不了诸多的技巧，那么最简单的办法就是幽默，任何一句风趣幽默的话说出口都会赢得人们的接纳和欢迎。总之，语言的力量对于你高效拓展社交圈、引来贵人是非常重要的，所以一定要勤加练习，让自己尽快掌握说话这门艺术。

有效地记住他人的名字是拓展社交的开端

生活中很多人都有脸盲症，所谓脸盲症就是记不住他人的长相，第二次面对他人时，无法准确地称呼对方名字。在生活中，有脸盲症的人遇到对方却称呼错名字，会让双方感到尴尬。有些人甚至会认为你没有尊重他，继而对你也不重视。如果你脸盲认错客户，那么你就很可能失去一单生意。人际交往中，牢记一个人的名字非常重要。张丁就有脸盲症，这给他的工作带来了很大的困扰，而他的解决方法值得大家借鉴。

在某门户网站工作的那几年里，张丁每天都要面对各种各样的人，为了避免自己记不住刚认识的人，他想了一个办法。尽管他有可能记不住某个人的名字，记不清某个人的长相，可幸运的是他能记得住这个人的声音。于是他用最笨的办法来解决“记不住这个人是谁”这个问题，那就是多打几次电话、多约出来吃几次饭、多见几次面，然后一一记住他们的特征。用他的话来说：“见的多了，就记住了。饭吃的多了，彼此就熟络了。”

有脸盲症的人往往羡慕那些见一次面就能记住别人的名字和长相的人。如果你平时很少和陌生人打交道，可能还不用担心自己记不住初识之人的名字和长相，但如果经常要和他人打交道的人，就需要能记得住和自己可能会第二次打交道的人。所以，请学会记住每一张有可能还会打交道的新面孔，以及这个人的名字。

一个人一个名字，即使重名重姓，也还有一张面孔可以帮助你记住一个独特的名字。中国有“赐子千金，不如教子一艺；教子一艺，不如赐子好名”的说法。正因为名字对一个人如此重要，在人际交往过程中，记住对方的名字就变得更加重要了。

如果在一个社交场合你能轻松而亲切地叫出对方的名字，对方一定会首先是惊讶然后是感动——在对方眼里，你可能只是脸熟而已，也许他已经记不起你们在什么地方见过面了，但是你居然叫出了他的名字，这无疑是在告诉对方：你的名字对我很重要，就像你的名字对你自己一样重要。这样一来，你和对方的心理距离很快就拉近了。在你想结识和深交那些大人物尤其是可能成为你未来的贵人的人时，更要如此。这样，你就能快速有效地结交到能给你巨大帮助的贵人。

记住别人的名字，可以使你在社交圈里畅通无阻。你知道对方的名字，说明你们以前有过交往；你能喊出对方的名字，说明了他在你心目中的分量很重。谁都愿意让别人重视自己，记住自己，你喊出了对方的名字，恰恰满足了对方的这一心愿。

杨铭是一家食品企业的负责人，他在全国有上千个客户，他的朋友更是不计其数，他能经营好自己的社交圈的秘籍，就是他能记住这几千人的名字。有一次，杨铭和朋友正在聊天，一个人从不远处走了过来，这时杨铭对他们说：“抱歉，打断一下。”然后他转过身去，朗声喊道：“刘总！刘晓波！”那个人愣了一下，似乎在想喊自己的人是谁。这时杨铭已经走上前去，握住他的手寒暄道：“想不起来我了吧？半年前，在南京，食品展销会上……”那个人恍然大悟地拍拍脑袋，然后握住他的手，感慨道：“没想到啊，没想到，就一面之缘，你居然就记住了我的名字！”杨铭笑着回应。

杨铭曾说：“不管是谁，只要是我见过一面的、知道名字的，我就能牢牢记住他的名字。而他的手机号，我也会存到手机里，逢年过节，我都给发短信，这样的话，就算几年后遇到，我也能一下子就叫出他的名字。就是换了咱自己，被他人当面叫出名字，那心里也会很乐呵啊！”

在现实生活中，也许不是每个人都能记住那么多人的名字，但是如果你想经营好自己的社交圈，想处处有助力，时时有人缘，那么请给他人这样一种感觉：被人重视的感觉。记得随时把别人的名字放在自己心上，这样不仅在沟通时能给对方留下良好的印象，更重要的是，在交流谈话中不时地提及对方的名字，还能显示出你的礼貌与自身的修养，增加你的魅力和影响力，进而让对方对你产生信任感。

别以为去记住别人的名字没有必要，当我们被介绍给一位陌生人，聊上几分钟，然后说“再见”的时候，往往不记得他刚才说了什么，甚至都不记得对方的名字了。如果你想要获得他人的好感和欢迎，就一定要记住别人的名字，这样做也是提高自身记忆力的一种办法！

记住他人的名字的诀窍是：结合这个人的特征来记他的名字。换一种理解就是，文字加图片。文字是他的名字，图片是他的外貌特征。结合起来，看到这个人的外貌特征你就想起他的名字，比如大眼睛刘佩玲、爱笑的记者小芸、唱歌好听的凌云经理……特别是当对方第一次在做自我介绍时你没有记清楚，不要觉得不好意思，这个时候应该礼貌地请他再重复一遍，听清楚、记准确。尤其是参加一些大型聚会，去之前，你应该预先确定自己参会的目的，准备去认识哪一类人，或者哪一个人，他的单位、职位、特征都要清楚地记得，这样你就会很快记住你要结识的那些人。如果你在参加社交活动前，提前对这些名字和头衔有所了解，在你第二次听到这些名字时，就会很快地回想起，也更容易记住。

对于记住别人的名字这件事上，还有这样一些小秘诀。比如，把两个相关的事务联系起来。例如，对方的头发是染过的，并且染成了酒红色。你就可以和他的名字记在一起：酒红宋康明。这样，记住别人的名字就轻而易举了。

中学时，我们班的英语老师有着黄黄的、稀疏的头发，但是他的英语教得特别好，于是班里同学悄悄给他起了外号，叫“黄毛小涛”。多少年过去了，只要提起这个名字，我脑海里依旧能想起那位老师稀稀少少的头发和一口流利的英语。

认识一个新朋友后，在你与他的交谈中，要尽可能多地在适当的时候重复他的名字，这样在交谈结束时，这个名字已深深地刻在你的脑子里了。事后，你也可能要将这个人的名字以及你所记住的形象写下来，为将来的进一步加深印象做好准备。训练自己记住别人的名字的能力，可能需要经过多次的锻炼，你记住了别人，别人往往也会记住你。一个名字成就一个好人缘，有时候人际交往就是这么简单。

小小名片藏乾坤，切勿错失有缘人

如今，名片已经成为人们必备的沟通工具，但大家对名片的处理方式更多的是：在参加完社交活动后，回到公司或家里，把名片往办公桌上随便一放，然后便继续去忙那堆焦头烂额的事情了。在某一天，你急于寻找一位曾经认识的朋友帮忙，东翻西找却找不到他的名片，甚至连放到哪里都想不起来了。即使好不容易找到了，然后按上面印着的电话号码打过去，对方却已经记不清你是谁了。

这种现象说明了两个问题：第一，你缺乏管理名片的意识；第二，你忽视了名片是社交中的重要资源。但凡意识到这两点的人，都能管理好自己的名片，并且能游刃有余地经营自己的社交圈。

我曾经看到过这样一个信息，是关于“名片哥”杨亮的。

大学毕业后不久，杨亮为了让自己多认识一些优秀的朋友，每天下午都会在北京西直门附近的一个地下通道里摆起简易的摊位。摊位上放着一个半平方米大的长方形盒子，盒子的底层被隔出了42个小格子，每个格子里的小卡片上分别写着服装、娱乐、IT等字样，这就是杨亮的所有“行当”。

“我不卖东西，只换名片。”杨亮说，自己的地摊不做买卖，只是通过收集各行业朋友的名片，并帮助他们做宣传。这相当于一个免费的职业中介。这种看似浪费时间的亏本买卖，却让他在短时间内积累了人脉。

一位朋友曾经说，做生意一定要多交换名片。在社交场合上，每一天都会遇到各行各业的人，你可能立马记住对方的名字，过几天却忘了。以前还没有名片的时候，开拓业务想找到相关行业的人很难，找到后如果没有问到对方的联系方式相当于白辛苦一场。这时，名片就显得尤为重要。名片不仅印着对方的名字、联系方式，还有对方的工作性质。在你某一天需要和某个行业的人建立合作时，不用再辛辛苦苦出去找人，拿出名片就能顺利找到。

其实把让大家都头疼的事情办好并不难，那就是管理好你的名片，别让名片夹里的那些人和你有缘无分，在你需要帮助的时候却帮不上你的忙。做好名片管理，这一点非常重要。可是怎么管理呢？关于名片的重要性我想通过下面几点进行补充说明，希望能引起大家的重视。

第一，当你和他人在不同场合交换名片时，务必详尽地记录与对方会面的时间、地点、事件。社交活动结束后，应回忆一下刚刚认识的这个重要人物，记住他的姓名、行业、所在的企业、职务等。过上两三天，你要主动打个电话或发个电邮，向对方表示很荣幸能结识他，或者适当地赞美对方的某个方面，或者回忆你们愉快聚会的某些细节，让对方加深对你的印象和了解。

第二，对名片进行分类管理。你可以按地域分类，比如按省份、城市；也可以按行业分类，比如影视行业、房地产行业、医疗行业等；还可以按社交资源的性质分类，比如同学、客户、专家等。

第三，养成经常翻看名片的习惯。工作的间隙，翻一下你的名片档案，给对方打一个问候的电话，发一个祝福的短信等，让对方感觉到你的存在和对他的关心与尊重。

第四，定期对名片进行清理。将你手边所有的名片与相关资源数据做一次全面性整理，依照关联的重要性、互动情况与使用概率、数据的完整性等因素，将它们分成三类：第一类是一定要长期保留的；第二类是可以暂时保留的；第三类是确定不要的。将确定不要的名片及时处理。

6月末的毕业季，某公司销售部同时招进来两名大学生，分别是陈林和王正。在经过公司两个月的培训后，两人就单独出去跑业务了。刚开始两人的业绩都不太理想，但是半年过后，陈林的业绩呈现喷泉式增长，先是王正的两倍，然后是三倍，再然后是四倍。在年会时，陈林的绩效是销售部的第一名，拿到了公司的“优秀员工”称号。

王正很羡慕陈林，前去请教陈林。陈林笑着来到办公桌，用手指着桌上的一个盒子说道：“我的秘籍都在这儿。”王正很疑惑，拿起盒子打开一看，立马惊呆了，这盒子里装的居然是名片！王正仔细翻阅，他发现陈林把名片分别按职业、需求、性格进行了归类。王正问陈林：“分这么细有什么用处吗？”陈林笑道：“当然有用处，仔细分类好，我就知道下次推销时打电话给谁了。”原来，以前陈林接到不同人的名片时，丢到一旁置之不理。有一天，一位客户打电话有意向和陈林签单，陈林脑海里却想不起这位客户的信息，他拿着一摞名片却找不出属于这位客户的名片。两人见面商谈时，陈林询问对方的信息时，对方的态度明显不高兴了，认为第二次接触仍然记不住他的信息，怀疑陈林的工作能力。果不其然，这单生意也就黄了。从这件事后，陈林每次接到一个客户的名片，就细心地归类整理。在整理的过程中，他不仅牢记对方的信息，还学会分析数据，寻找潜在客户。王正知道后恍然大悟，对陈林连连道谢。几个月后，王正的绩效也呈直线增长。

所以，千万不要轻视名片哟！记得一定要好好保留每一张名片，并且整理、归档，最好还做好笔记，这样一来，就能保证你绝对不会忘掉任何人！即使你暂时忘了，也有可以帮你恶补信息的笔记存在，在人际交往里，这一点可以确保你做到万无一失。

细节做得好，对拓展社交圈大有帮助

细节决定成败。这绝对不是危言耸听，而是可以放之四海而皆准的法则。当一个妆容近乎无可挑剔的女孩站在你面前时，你差点儿奉之为女神，可你突然发现，她劣质的衣服的线头出卖了她的品位，她的谈吐暴露她的学识浅薄，她的劣质香水显示她的品味低下。这些细节会让她在你心目中的形象大打折扣。当一个很普通的陌生人走在你的对面，你对他没有任何兴趣，但是他突然对你微微一笑，会瞬间吸引你的全部注意力。一个不怎么相熟的同事，因为赞美了你精心挑选的胸针，而拉近了你和她的距离。一个守时敬业的人，会让你对他很有好感……

不要小瞧了人际交往中的细节，它很可能会变成人与人之间交往产生重大变化的前兆，它很可能会帮助你轻松获得人际交往的新进展，它很可能是拨动人际关系“千斤”的“四两”！切记，人际交往中的细微之处，大有文章可做。

1.及时发掘对方的闪光点，好好赞美一番

每个人的身上都有闪光点，无论这个人是总统还是平民。有些人的闪光点大家有目共睹，有些人的闪光点只有你用心才能发现，而在人际交往中，如果你恰好发现了这个闪光点，并且发掘出来好好赞美一番，那么他将对你

另眼相看，这个本领将对你拓展社交资源起到不可估量的作用。

一场同学聚会上，昔日的老同学都坐在了一起。除了谈论职位、权力和金钱外，大家聊得最多的便是怀念过去的美好时光。整个晚上，小玉一直坐在那里不说话，这么多年她一直是国企里的一名小职员，日子过得平平淡淡、波澜不惊。老班长忽然说：“哎呀，看到桌上丰盛的菜，我倒更怀念小玉做的糖醋里脊了，那个味道让我至今难忘啊！”这一句话将众人的目光都吸引到了小玉那里。很快小玉原本暗淡的脸色忽然泛起了红晕，然后羞涩地站起来要和大家一一碰杯。不难看出来，这句话着实让她兴奋和激动。

有一次，吴潜遇到老同学刘兴，这时的刘兴已经是一位上市公司的老总，而吴潜只是某公司的一名普通职员。他俩互相问候后一时找不到话题，吴潜突然想起对方小时候喜欢折飞机。于是吴潜借此就打开了话题，没想到刘兴非常高兴，兴致勃勃地和他讲起童年的快乐时光，关于纸飞机的回忆拉近了两人彼此的距离。他们分开前互相加了对方微信，并互相约定下一次的聚会时间。

细节可做大文章，也能定成败。用心去挖掘和赞美他人的“得意小作”吧，别看其小，其实在小处做大了，也是一个人际交往的技巧。如果你掌握了这一技巧，社交拓展会进行得更加顺利。

2.小心！有些“随意”的话并不“随意”

每个人都希望在人际交往过程中给别人留下一个好印象。想要高效地拓展你的社交圈，就更加要想方设法给别人留下一个好印象了。为此，人与人在最初交往的时候，什么话该说，什么话不该说，什么事该做，什么事不该做，就显得尤为重要。有的人说话比较随意，想到哪儿说到哪儿，什么时候留下麻烦、闯下祸端、得罪了人都不知道，还觉得自己那侃侃而谈的样子很有魅力。有的人又过于谨慎，一句话要想半天才能说出口，生怕哪个词、哪句话说得不对，会让对方多想，或者给自己留下后患。太随意或者太谨小慎微都是不必要的做法。

有一次，公司要聚餐，同事们一起商量去吃什么。当大家提议去吃海鲜时，小曹想起来偶然得知领导对海鲜过敏，他就把这一情况跟大家说明了。大家知道后就换了一家具有老板家乡特色的饭店。事后，领导知道是小曹让大家改变了主意，觉得他是一个有心之人，是个办事细心和理解他人的人。后来，领导就把一个大项目交给小曹去做。

留意并记住他人“随意”说出来的话，如果你用心去理解了，会发现对方一点儿也不“随意”。事实上，他人的“随意”话语看似细微，实则大有文章可做。

3.修饰自己的“交际细节”

现在在社交软件上，几乎人人都在使用表情包和他人聊天。其实，表情也可以应用在我们拓展社交圈的过程里。每个人都希望自己能和朋友轻松愉快地相处，其实在人际交往的过程中，你完全可以适当地运用表情的魅力来增进交往的黏性。和对方交谈的时候，疑惑的时候略微皱着眉头，开心的时候哈哈大笑……这样的话，你就会给人留下幽默风趣、头脑灵活、擅长交际的好印象。如果你举止缓慢、动作庄重、稳若泰山，那么就会给人产生气度不凡、从容镇定的印象。对于别人的邀请，如果你能拿出笔记本，认真地记下约会时间和地址，那么别人就会认为你是个讲信用的人。这些都是交际细节，因为你修饰自己，所以增辉了你的交际形象。

4.关注他人的“细微变化”

人都是感情动物，每个人都渴望从朋友那里得到帮助和关怀，这是人之常情。既然懂得了这些，在人际交往中适度地向对方表达你的关心、适度地提供你力所能及的帮助，就能很容易赢得对方的好感。在此基础上，用心观察对方的一些细微变化，会让对方觉得你非常在乎他。比如，对方换了新领带，你说：“这条领带你第一次戴，在哪儿买的？”他一定会愉快地接受你的关心，对你产生好感。女性尤其注意自己的穿戴，一旦有人注意到了她服饰的变化，她一定会感到发自内心的欣喜，这时你们之间的距离也便随之缩短了。

这些人际交往中的小技巧会为你增加不少人格魅力，当你成为对方喜欢的朋友后，他也会乐意为你介绍他更多的朋友给你认识，拓展你的社交资源，提升你社交资源的质量和层次。这种一举两得的事情谁又会不乐意去做呢？

5.做一点让他人意外的小事

有一位哲人说过：“任何细枝末节都具有特别重要的意义。”就让我们做一点让他人意外的小事吧，这是对自身形象进行精雕细琢的重要举措。人们会因此赞赏你。生活就像平静的湖水，每个人都渴望能泛起几朵浪花。你在交谈的时候，要注重对方的感受。在对方发表独特的见解时，你要给予肯定。这些意外的小举动都能让人对你刮目相看。同时，做点让他人意外的小事，也是丰满自己形象的一个重要方法。

方佳蓓刚刚当选某商会会长，在会上发表了精彩的就职演说，引起了阵阵掌声。有一位朋友前去向她祝贺，她说：“对，大家一共鼓了18次掌。”这位朋友立刻跑去核对会议记录，确实没错，她说的数字非常准确。

显然，她在演说的同时，还仔细记下了会场上鼓掌的次数。因为这件事，这位朋友向她投去了敬佩的目光。试想一下，这位会长如此精明，居然连这小小的细节都注意到了，还会有什么对商会有益的东西落在她的视野之外呢？

总之，细节无处不在，只要你用心发现，只要你用心创造，就一定能为自己精心打造出一个优质而庞大的社交圈。

利用好非正式场合，社交效果事半功倍

在人际交往中，如果一个人在轻松愉快的场合谈论了一个严肃或者枯燥无味的话题，肯定会惹人厌烦；同样，如果在严肃庄重的场合里开一个与题不搭的玩笑，不仅会影响交流的效果，还会使你在别人的心里留下轻浮、不识大体的坏印象。所以，分清场合说话做事显得尤其重要。到什么山唱什么歌。在不同的场合说不同的话，根据场合的不同选择不同的做事方式，这样才能达到人际交往和拓展社交的目的。同样一句话，同样一件事，在这个地点可以说可以做，但换个场合就不能说不能做。这一点，请你一定要认识清楚。

一位商界的朋友说："事情都是吃饭的时候谈成的。"言下之意，成功的人际交往更多是在非正式场合进行的，而且非正式场合的交际更加切实有效。一桌人一边说笑，一边喝酒品菜，气氛轻松又欢快。氛围对，主题对，三言两语也就谈完了。如果换成在办公室谈事情，就难免严肃一些、压抑一些了。利用好非正式场合圆融处事，可以事半功倍地为你在拓展社交资源这件事情上加分。例如，所谓饭局，在很多情况下就是将正式场合无法进行的事情和话题，换一个轻松随意的环境进行，这样不但能迅速增进双方的感情，还能达到意想不到的良好效果。

听说年底部门将有一个人晋升为总经理助理，小王对此跃跃欲试，但总经理比较冷漠古板，加上工作繁忙，小王很多次想接近他让他注意自己，但一直没有机会。

这一天是总经理的儿子结婚的好日子，小王也去参加了。按照他们的家乡风俗，新郎、新娘要入席吃菜用饭，接着再一桌一桌地给客人敬酒。新郎、新娘在众人的簇拥下入席，来宾们也分别入席。

第一盘盛满喜糖和糕点的盘子，由一个帮忙的同事端了上来。可是就在同事把盘子放在桌子上的时候，只听“咔嚓”一声脆响，盘子裂开了。宾客们听到刺耳的声音，目光全都集中了过来。端盘子的同事吓了一跳，慌了神，脱口而出：“怎么是个破货？”话音落地，现场的气氛一下子紧张了起来。

见此场景，小王灵机一动，高声说：“大喜、大喜，这叫破旧立新，‘碎碎’平安。”一句话使得现场紧张的气氛重新变得欢腾起来。小王看到总经理看他的目光有些感激，也有些欣赏。那次之后，小王在公司倍受器重，年底也顺利地升为了总经理助理。

人们通常认为，严肃的事情必须要在正式的场合谈更好，只不过有时候将严肃的事情放在不那么严肃的场合进行，反而能起到事半功倍的效果。比如喝茶、吃饭等等，就可以让双方在轻松的氛围里谈成合作。

每个人因为性格、阅历、身份、专业等不同，都会有自己喜爱的话题，两个彼此还不熟识的人之间开展有效沟通的方法之一就是，你需要花一点时间和精力，甚至一些技巧，让对方畅所欲言地叙述他自己的事，那么，他就在不知不觉中将你视为他的知己，也是在他的侃侃而谈中，你了解了他的脾气、性格、爱好、为人处世的方式，为下一步你们的友好相处奠定良好的基础。如果你想更快更准确地了解这个人，那么不妨在非正式场合将政治话题、业界信息，或者汽车品牌等大众关注的信息作为谈论话题，同时可以通过他的衣着打扮、言谈举止所传递出来的信息判断适合交谈的话题，换句话说，就是让对方开口谈论他所关心的话题，而你的责任是负责提出相关的问题。

那么，在接下来的交谈过程中，你就可以判断出他是一个谨慎的人还是一个豁达的人，你所关心的事情在他那里是不重视还是很重视，是故意拖延还是遵章办事……这些信息在正式场合是不容易获得的。总之，利用好非正式场合，往往能为你增添无穷的魅力，使你的社交能力进一步增强，让你的社交圈不断扩大。

要好好地利用非正式场合，你还需要注意以下几个问题：

1.要在思想上强化场合意识

实际上，很多人都没有场合意识，不管什么场合，说话做事都习惯从主观意识出发，自己心里怎么想，嘴上就怎么说，行为上就怎么做，丝毫不顾及他人的感受。殊不知这样往往只会得到一个事与愿违的结果。

2.发挥特殊场合的优势

我们深知，有些话有些场合可以讲，有些场合不能讲。小场合适合说什么，大场合适合说什么，公共场合又该说什么，都要有一个权衡。举一个很简单的例子，如果处在家庭环境中，大家的交谈就比较随意；而在办公环境中，说话就要根据工作性质把握分寸了。如果在家里还打着官腔，会让家人感到不舒服。要是在单位说话还像在家里一样随便，领导和同事会认为你不分轻重。不同的场合，人们对一件事情的承受能力有明显的差异。正是由于受特定的人际关系和场合的制约，有些话只能在某些特定场合说，换一个场合就不行。因此，在人际交往中，说什么、怎么说、做什么、怎么做，都一定要顾及场合和环境，这样才能更好、更有效地沟通。

3.有意识地约束自己的行为

优秀的人都有一个特质，那就是自律。懂得自我约束，什么时间做什么事，什么场合说什么话，既要有仪式感，又要有分寸感，让交往的人觉得非常妥帖。在交际活动中，在适当的地方说适当的话，在恰当的场合做恰当的事，以使自己的言行举止既符合场合要求，又顾及谈话对象的接受心理，最大限度地实现与交际对象的沟通。在办公室里，穿奇装异服、穿着随便，或者说话太过随意，都会给他人留下举止轻浮的印象。建议和对方沟通之前，对自己的行为进行检查，从着装到话题，再到说话方式，都要有意识地提醒自己，这样才能达到理想的沟通效果。

要想受到他人的欢迎，获得良好的交际效果，更高效地拓展自己的社交资源，就必须创造各种条件为自己营造更好的交际环境，而利用好非正式场合，就常常能取得事半功倍的效果。

Chapter 6

做优秀的自己，建优质的社交圈

做目光远大的人，你会拥有更多可能

我先讲一个例子，然后请大家回答一下。

在一个风雨交加的夜晚，你开着小轿车从一个公交车站经过，这时你发现车站那里有三个人正在焦急地等待着公交车的出现。这三个人一个是生命垂危的老人，一个是曾经救过你的医生，还有一个是让你一见倾心的异性，这时你的车上只能坐一个人。请问：你会让谁来坐？

很多人都曾被这个问题难倒了。似乎每个人都有应该坐上来的理由，可是你的小轿车上只能坐一个人。这是某集团人事部门招聘职员的时候出的一道题目，应聘者的答卷上什么答案都有，但最让人拍案叫绝的答案是这样的：

把车钥匙交给医生，让他带着老人去医院，然后自己留下来陪那位令自己一见倾心的异性一起等公交车。

最终，给出这个答案的人被聘用了。原因是，他心思细腻，能恰当地处理人际关系。

今天播种，明天就能收获的事情是很少的。庄稼往往是春天播种，秋天收获，很多果树从种下幼苗到成长为能结果的果树都需要经过几年的时间……经营社交资源也一样，急功近利不得，必须要努力经营和拓展几年甚至十几年才会逐渐有回报。

一个心胸狭窄的人，不可能有远大的目光；一个斤斤计较的人，不可能有良好的人际关系。如果你仅仅只是为了解决眼前的某件小事，就不必苦心去构建和经营你的社交资源了。在决定和某个朋友交往的时候，大多数人其实都抱着长久交往甚至交往一辈子的心理。你若有这种心理就很好，说明你是一个对自己的人生有规划的人。另外，与人交往不仅要多与成功者交朋友，也要向落难者伸出援手，只有这样才能真正建设好自己的社交圈，为自己未来的成功做好各方面的力量储备。

因为出身、成长环境和受教育等因素的不同，不是所有人都拥有远大的目光。正如晚清大商人胡雪岩所说的：“做生意顶要紧的是眼光，眼光看得到一省，就能做一省的生意；看得到天下，就能做天下的生意；看得到外国，就能做外国的生意。”

白冰冰是一名优秀的职场女性，在她第一次创业失败后，她不灰心，又开始第二次创业。现在市场很激烈，这一次她瞄准小工艺品这个市场缺口，准备大干一场。

白冰冰找到合伙人后，对每日的开销精打细算，半年下来，投入公司的所有钱全部花光了。合伙人和白冰冰商量后打算去银行贷款，以保证公司的日常开销。很快，贷款也花光了。这一次，合伙人见钱又打水漂了，立马退出公司的经营。白冰冰没有放弃，找周围的亲戚朋友借钱以缓解危机。白冰冰的朋友劝说道：“你有多少家底这样折腾啊？这样一个小公司，你可要想好了，你所有的投资最后都很可能要打水漂啊！你还是放弃吧，去干点别的。”

她听了之后，笑了笑，却执着地到处奔跑为公司筹钱。过了不久，一位老板看重白冰冰公司的项目，给他们公司投资了100万元。在白冰冰的努力下，公司运转一年后，小工艺品的订单如雪花一样纷纷飘来。公司开始走上了正轨，亲戚朋友夸赞白冰冰有远见，白冰冰坦诚地说："我仔细调查市场，本省的小工艺品都从其他省引进。本省拥有独特的民族文化，小工艺品市场潜力巨大。我有把握做好，让企业成为省里甚至同行业的龙头企业。"

这就是目光长远者和普通人之间的区别，当普通人正在留恋眼前的得失时，目光长远者就已经放眼未来，构建更大更美好的格局了，这就是两者的重要区别。

同是生活在一片天空下，为什么有些人能成为举世瞩目的大人物，而更多的都是平平凡凡的人？原因很简单，因为那些伟大的人物万事都会多想一步、两步、三步乃至更多步。乔布斯的智能手机刚上市时，遭到同行业的嘲笑"这手机屏幕易碎，质量都过不了关，谁会来买呀？"然而到今天，老式手机早已被时代淘汰，新的智能手机已成为现代人的生活中不可分割的一部分。腾讯的微信上线时，很多人都认为这款App会失败。可现今微信在中国拥有10亿用户，成为中国最大的社交平台。这就是在告诉大家要想获得成功，就必须要把眼光放长远一些。

实际上每个人都有无限的潜力，如果能对你身边的事多想一步，也许你的生活就会出现新的变化，说不定你也将会像牛顿、瓦特一样发现或发明什么东西，对整个人类社会做出更多的贡献，这样的奇迹同样也会在你的身上发生。

要想成功经营优质的社交资源，同样需要目光远大，顺着你的人生规划去发展朋友。如果你想做一名好编剧，就要不断地去认识优秀的编剧。如果你想当一名好演员，就要不断地认识那些一流的演员。因为只有跟他们在一起，你才能提升自己，也可以通过他们看到一步一步努力的痕迹，那正是你将来要走的路。正如下面这个故事所讲的道理一样。有一位百万富翁问一位千万富翁："我怎么样才能像你一样？"千万富翁问他："你都跟什么人交往？"百万富翁说："跟我一样的百万富翁啊。"千万富翁说："我都是跟千万富翁交朋友的。"

俗话说得好："物以类聚，人以群分。"一个人和什么样的人交往，就注定了他的层次会停留在什么样的阶段。要想成为高手，就要和真正的高手交朋友，向真正的高手学习，否则就永远是井底之蛙。只有放眼世界，视野才会更开阔。要想获得成功，就要与成功的人做朋友，让成功者成为自己的社交资源。多与成功者交往，就像是为自己聘请了一个好教练一样，将非常有利于一个人的成长、进步。与成功者成为朋友，并使之成为自己的社交资源，这样的社交圈自然会为一个人的成功提供更多帮助。

在构建自己的社交圈时，也要对落难者伸出援手，毕竟一个给力的社交圈的形成是一个长期的过程，而世事变化无常，人生不可能一帆风顺，挫折、失势在所难免。当人落难时，对曾帮助过自己渡过难关的人，会铭记一辈子的。所谓莫逆之交、患难朋友，往往就是在困难时期产生的，而这时形成的友谊也最有价值和最令人珍视。

在经营自己的社交资源时，还要有博大的胸怀。与人交往不记旧恶，往往更能体现一个人是否目光远大。对于曾经有"恶"于己的人，总是耿耿于怀，计较前嫌，这样的人很难成就一番大事业，也不可能建设好助自己成大事的社交圈资源。

在历史上，唐太宗李世民就是依靠不记旧恶的博大胸怀，吸引来了如魏征、李靖等一些重臣，从而开创了盛唐的辉煌。在玄武门之变前，魏征曾多次鼓动太子李建成杀掉李世民；但李世民夺得皇位后，不记旧恶，仍重用魏征，使魏征“喜逢知己之主，竭其力用”，多次献诤言，为大唐盛世立下了汗马功劳。李靖原是隋朝的官员，还向隋炀帝举报李渊企图谋反。后来，李渊灭隋后要杀李靖，李世民坚决反对才保住李靖一命。后来，李世民夺得皇位，李靖驰骋疆场，长年征战于边疆，为盛唐的边境安定立下了不朽功勋。

不乱于心、不困于情、不畏将来、不念过往，为自己规划好人生，顺着人生的轨迹有目标地去经营人脉，这样你将来的成就会更大，你的人生格局也会更加宽广。

与人交往前，先了解那个陌生的自己

美国斯坦福研究中心曾发布过一份调查报告，结论指出：一个人赚的钱，12.5%来自知识，87.5%来自人际关系。这是一个令人震惊的结论，同时也是一个让人清醒的结论。这让我们明白为什么世界上到处都是才华横溢却郁郁不得志的人，那些怀才不遇的抱怨者通常都不重视人际关系的力量。

回归主题，人际关系或者说社交圈有着如此大的重要性，那么我们怎样才能拥有一个强大的社交圈呢？要了解朋友，先从了解自己开始。你可能会奇怪，自己还需要了解吗？当然要！而且十分必要！因为很多人并不了解自己！

一个人从别人身上看到的其实是自己，一个人和别人之间的对话其实是和不同的自己在对话。社交关系就像一个折射镜，你从每一个朋友的身上都能看到自己的影子。同样，你对每一个朋友的态度，实际上取决于他让你看清了自己什么。换一个角度说，如果你的一个朋友非常抠门，你想一想，是不是你也有一些抠门？如果你的一个朋友喜欢吃喝玩乐，是不是你也喜欢吃喝玩乐？你在和你的社交圈相处的过程中，实际上是正在和自己的不同角度相处，你们相互成了对方的镜子。你喜欢对方的地方就是喜欢自己的地方，你讨厌对方的地方就是你讨厌自己的地方。你厌恶了对方，觉得怎么看他都不顺眼，那一定是他身上的某些地方让你挑剔和抱怨，而这些特质在你的身上可能其实也存在。这也是为什么你跟一个人越亲密，就越容易产生厌恶感，因为从他的身上你看到了自己的讨厌的一面。

艾蒙是一位心理医生。这天他在办公室里接待了一位特殊的患者。这位患者因自己创办的企业倒闭而负债累累，结果家人不堪重负纷纷离开了他，他成了一个孤独的流浪汉。看到艾蒙后他只做了一件事，就是号啕大哭。他哭了将近一个小时。在这个过程里，艾蒙很耐心并没有说话，等着他从悲伤的情绪中走出来。

在他哭的时候，艾蒙注意到了他胡子拉碴以及紧张的神态。艾蒙能深刻体会到他此刻的心情，他已经走投无路了。哭够之后，流浪汉断断续续地将自己的故事讲了一遍，最后艾蒙说："看在老天爷的分儿上，我带你去见一个人，他或许能够救你。"

艾蒙带着他来到了另一间屋子，那个屋子里只有一面高大的镜子，流浪汉可以从镜子里看到自己的全身。艾蒙说："就是这个人。在这世界上，只有一个人能够使你东山再起，除非你坐下来，彻底认识这个人——你不妨当作你以前并不认识他——否则，你只能从此自生自灭。在你没有充分认识这个人之前，你是一个没有任何价值的人。"

流浪汉朝着镜子走了几步，用手摸了摸自己长满胡须的脸庞，对着镜子里的人从头到脚打量了几分钟，然后后退几步，低下头，又开始哭了起来。这次哭够之后，艾蒙带他出来，把他送出门。

数年后，再见到这个流浪汉时，他已经不是流浪汉的形象，而是媒体争相报道的企业家。只见他西装革履，步伐轻快有力，头抬得高高的，原来那种衰老、不安、紧张的姿态统统消失不见了。

有人说，一个人只有先平和地和自己相处，然后才能平和地和这个世界相处。如果你对别人敏感脆弱，那一定是内心对自己敏感脆弱；如果你很难信任别人，那你也一定不信任自己；如果你感觉那些社交关系靠不住，那是因为你首先对自己就不肯定……仔细想想，是不是这样的？

所有的问题其实都出在自己身上，这是根源。只有彻底解决自己的问题，你才能纯粹地、真实地、完全地去和朋友相处，去收获友谊和更优秀的自己。随着你越来越深入地阅读本书，体会本书为你带来的内心的改变，你会越来越深刻地体会到这句话的含义。你与每个人的关系，都可以看成是你与自己的关系。印度禅修大师古儒吉曾说过："去爱一个爱你的人，你什么分数也得不到；去爱一个你不喜欢的人，你一定会在生命中学到一些东西；去爱一个无缘无故责备你的人，你就学到了生命的艺术。"只有正确地认识自己，了解自己，才懂得自己心里想的是什么，最终想要的是什么，只有和什么样的人交往才能实现这一目标。有了这些认知，你就知道如何高效地拓展你的社交圈了。

了解自己才能找到你最需要的人脉。试想一下，一个爱发脾气、有很强控制欲的、爱嫉妒的人，他的社交圈会是什么样的呢？

张冬冬是一个从农村贫寒家庭打拼出来的公司老板。从这句话里，聪明的你可以联想到一些信息。农村的贫寒家庭一定是让他饱受艰苦的，他一定是勤奋聪明的，同时他也一定是没有安全感的人，这些都对，再加上一点，就是容易嫉妒。

张冬冬的公司从最初到现在已经走过了近20个年头，其中的风风雨雨只有他自己清楚，我要说的不是他要带领公司即将上市之类的，而是公司即将面临倒闭。他的公司如今员工纷纷流失，他的朋友也都相继离他而去，那些曾经在最困难的时候拉他一把的人现在都躲他躲得远远的。

为什么？就是因为他的性格。即使张冬冬已经成为公司老板，在城市买了别墅，开着进口轿车，但他始终没有安全感。安全感来自人，换句话说，来自他本身，以及来自他的社交圈。如果一个人的社交圈资源丰厚，出了什么大问题都有朋友提供鼎力的相助，我想他是不会存在什么危机感的。假如一个人能“温良恭俭让”，和朋友间能包容、鼓励、扶持，很多事情都能干成。

可是张冬冬呢？当看到别人比他强的时候，他就会生气；看到员工偷懒，他就会生气；看到妻子不做家务，他就会生气；看到朋友借钱不还，他还生气……每天的这些不愉快积攒到一起后，他随时都会爆发，不知道哪一个人的哪一件事就会让他大发雷霆。他发火的时候不看对象，他朝员工发火，朝家人发火，朝客户发火，甚至朝他的贵人也发火……久而久之，朋友们提起他都会说：“那就是个炸药包，赶紧离他远一点，否则一不小心就能把你炸的心情不好、财运全无、健康受损、家庭不顺，何必呢？”

通过上面这些情景你完全可以想象得出张冬冬的形象。其实在创业之初，他根本不是这样的，为了能在所在的城市站稳脚跟，他每天都给自己定一个目标，今天要认识谁，明天要做成什么事，每次出去见朋友客户，他都笑盈盈地，谦卑而热情，大家对他的印象特别好，因此也就乐意帮助他，他的社交圈资源便变得很优质，这助他做成了很多事情，赚取了很多的财富。

从张冬冬不同阶段对待身边人的态度我们可以看出，有着一个优质社交圈的人，大都是可以让人与之愉快相处的人，这些人可以接受你，并且发现你内在积极乐观的一面，同时你也可以用同样的态度去接纳别人，将那些朋友以善良真诚的方式团结在自己的周围，成为一个推动自己奋斗的重要力量。

那么，在认识和了解自己以后，如何锁定你的社交资源呢？有心栽花花盛开。用心寻找和发现与你目标有关的所有人，并在此过程中不断地提升自己，从而获得发掘更优质社交资源的资本。

想要把优质的社交资源纳入自己的掌控之中，就必须要找到做人的准则，让自己成为一个优秀的人。做人要成功，就不要站错队伍，不要进错圈子。事实也正是如此，“在一个成功的团队里，没有失败的人；在一个失败的团队里，没有成功的人。”这就是一个能正确认识自己的人拥有的智慧。

当下的现状并不是很重要的，重要的在将来，如果你抱着一种乐观而积极的态度去发现和挖掘你的社交资源，当你有喜乐尊荣时，有人为你摇旗呐喊，鼓掌喝彩；当你有事需要帮忙时，有人为你铺石开路，两肋插刀，这时候你就能感到社交圈的无穷力量。无疑，一旦到达了这个程度，你就成功了。

熟悉自己的优势与短板，找到合适的借力对象

在你的手上，有一个重大的秘密。这个秘密，不是其他，而是你自己。你，熟知自己的优势和短板吗？如果还不熟知，那么拿出纸和笔，认真地写下自己的优点和缺点，一对双眼皮也算，饭做得好也算，字写得好当然要算……这样才能帮助你更理性有效地经营你的社交资源。

如果你了解自己的特长，并把自己放到合适的位置上，你就能发挥出优势。有这么一句耐人寻味的话：“当你想做别人的时候，你就离自己很远；当你离自己很远的时候，所有人都会远离你。”只有好好“盘点自己”，全面了解自己的优缺点，才能给自己设立合理的人生目标。只有目标是你努力之后有可能达成的，才能真正发挥你的优势。

我们身边的大多数人没有成功，首先并不是因为没有钱，而是因为没能真正认清自己，认清这个时代，从而就没能冷静和清醒地对待生活，因此一直都没能突破现有的境地。

一个人能够走向强大，首先就是要认识自己，清点你的资本，看看你有什么，优势是什么，劣势是什么。只有这样做，才有助于自己理性地分析自己，为自己的将来设定一个合理的目标。

你想成为一位领袖还是一个平民，取决于你对自己的认知和定位。这在

人际交往的一开始你心里就要非常明晰。至于优势和短板，根据交往对象的不同你完全可以灵活地安排自己的角色。

当有人夸你菜烧得好时，也许你会谦虚地说："哪里哪里，其实烧得一般。"因为你都没把它当成你的一个优势。其实，菜烧得好，绝对可以说是一项特殊的才能，一个不错的优势。菜烧得好，你甚至可以开一家餐馆，或者可以成为一名优秀的大厨。假如有人告诉你："你在生活中很会说话。"你也许认为会说话并没有什么了不起啊，更没觉得这是一项优势。然而你不知道，有很多人觉得自己与别人有效沟通是一件无比困难的事情，所以很希望自己也能成为一个会说话的人。可见，会说话确实是一项值得你骄傲和好好发挥的优势。

当然，理智而清醒地发现自己的优势、长处并不容易。清点自己的资本就是客观理性地审视自己，在审视之后就要接受自己，承认和正视自己的优缺点，不对自己提出苛刻的要求，对自己的一切能正确地面对。这就是人们常说的"自知者明"的道理所在。

张震从小就是一个讲求平衡发展的男孩子。他的每一科成绩都维持在中上水平，运动方面也很不错，但称不上职业水平。他颇有画画天分，但却并没有让自己在画画这条路走得太远。到上大学一年级的时候，他所选的全是物理方面的课程，还打算主修理论物理。他的父亲是个很实际的人，跟他说，学物理可以，但是必须把"理论"这两个字去掉。

经过一年的学习，张震发现，抽象是物理学最动人之处。到了大学三年级时，他又有了新想法，他虽喜欢物理的井然有序，但却受不了那冷冰的感觉。于是又决定改攻建筑学。经过几年时间的学习，钱也花了不少，时间也付出了不少，这位年轻人终于找到了自己的人生目标，他做了一名建筑师，从此再也没有改变过志向，而且还做得很出色。

张震能够清楚地知道自己喜欢什么，能做什么，尽管这中间有过多次的尝试，但正是这些尝试让他清楚自己的内心所向，所以他最后成功了。相比之下，王欣就不是那么理智了。

大学毕业后，王欣找工作不如意，最后迫于生计，她到一家名牌服装店做了一名导购。然而，她对自己的工作非常不满意，在别的导购向顾客热情地推荐衣服时，她却站在旁边无动于衷。

有同事问她为什么会这样做时，她却幽幽地说：“哎，其实我的梦想是当一名作家，像严歌苓那样的知名作家。”同事问她：“那你能写吗？”她说：“我能写啊。”“除此之外，你还会干什么呢？”她嗫嚅了一会儿说：“我年轻啊，我有的是时间积累。”

同事不得不语重心长地说：“大家都知道严歌苓是著名作家，大家还知道严歌苓本身就出生在书香世家，她的父亲就是知名作家。你呢？你的现状是现在连吃饭问题都无法解决，谈何坚持和积累呢？不如踏踏实实地从导购做起，先学会怎么与顾客打交道，总结消费人群的特点，研究推销服装的技巧。等你的工作走上正轨后，你就利用业余时间，好好练习写作。这些东西都得靠慢慢积累的，不是嘴上说说而已。”

很庆幸的是，这些话王欣听进去了。几年后，王欣出版了自己的第一本书，虽然还没有成为知名作家，但王欣没有放弃这个愿望，还在不停地努力写作。

经常有很多人看似条件优越最后却没能成就自己，究其根本原因就是不能正确认识自己。还有一部分人看似才貌平平，最后却成就了大事，那是因为他们很清楚自己有什么，没有什么，擅长做什么，做不了什么。你没有的，可以向别人借；自己不擅长的，可以让擅长的人帮助你。于是，他们最终成就了自己。

总之，了解自己的优势和短板后，你就能知道自己真正想要而且通过努力一定能达成的目标。在追求这个目标的过程中，你能够提前知道自己将来要借助什么样的社交资源。于是，你就能更有针对性地发展自己的社交圈。仅仅从这个角度来看，能够了解自己，就已经是极为重要的一件事了。

提高自身实力是提升社交圈的前提

每一个善于经营社交资源的人都知道，社交圈的本质是价值传递。价值在什么样的人之间传递，取决于你是一个什么样的人。明星大腕的圈子里自然有一群和他们匹配的朋友，普通人交往的大多数都是普通人。一个亿万富翁的社交圈子尤其是核心圈子里很难有一个打工者，原因很简单，价值不匹配，即使价值传递也是倾斜的、短暂的。

要想拥有优质的、长久的社交资源，无论现在的你所处的境况如何，都一定要怀着一颗勇于挑战、敢于进取的心，尽快让自己强大起来。只有不断提升自己的实力，不断在社交圈中传递你的价值，你才能得到更多更高层次的人的认可和肯定，进而获得他们的帮助。

一个人要想优秀，就必须与众不同，或者有某项过人的长处，一旦你具备了过人的长处，就不会有人忽视你，因为经营人脉的最高境界就是互惠互利。很多人都想结识那些能力高、实力强、资源多的人。在生活中，我们经常听到一些人在抱怨某个朋友不讲交情、不够哥们儿。其实，引起抱怨的主要原因就是自己的某种需求没有得到满足，没有得到满足的根本原因是你还不够优秀，你的能力还不足以被周围的人所重视。仔细想想，是不是这样的道理？

提升自己的能力和实力，是一个人拓展社交资源、提升社交圈层次的前提条件。你越优秀，你能结交到的朋友就越优秀；你能力越强，你社交圈里能力强的朋友就越多；你实力越雄厚，你的社交资源就越雄厚，你能借助的外力就越大。所以，首先要想方设法提升自己的能力，壮大自己的实力。当然，这个过程不是一蹴而就的，需要你努力去积累。

你想结交什么样的朋友，首先自己要具备什么样的实力，只有这样才能得到他人的认同、欣赏和接纳。只有你不断地提高自身的能力，才能在物质和精神上去帮助别人，同时也获得别人的帮助。为此，你一定要加大对自己自身的“投资”，才可能吸引来更多优秀的朋友甚至是贵人。

想要提高能力，壮大实力，你需要做到以下几点：

1.不可忽视的独立性

独立是一个人在社会上生存发展下去的必备能力，只有能靠自己活着的人才能被别人尊重，才能吸引别人与自己相处，才能提升自己的影响力。缺乏独立自主个性和自立能力的人，连自己都管不了，还怎么谈得上让别人依赖自己，与你共谋发展呢？在社会上生存，你需要不断地与别人交往或者参与竞争，你随时要面对可能出现的难题与困境。这是你安身立命的能力，在此基础上，发展自己，提升自己，以吸引更多更优秀的人成为你的朋友，加入你的社交圈，这样你们的交集才会更大，你帮助别人和获得别人帮助的概率也就越大。

培养独立性，其实就是“自己能做的事自己做”和“独立思考”。有许多人并不真正了解自己能做什么，对于自身的潜能一无所知。一遇到事情马上就去寻求外援，而这种情况下建立的社交不是长久的，因为没有人喜欢被别人像橡皮糖一样粘着。

培养独立性，你要在生活中独立处理日常事务，安排自己的生活。制订计划，每周做几件以前想做但由于各种原因而没有做的事，如骑车郊游、应聘某一职务、学习太极拳，或者读几本书，这些都是未知领域的探索，是提升自己独立性的有效途径。

尝试一段时间之后，静下心来，审视自己近期的实践，进行一次总结和反思，然后规划下一段时间的生活；逐步决定自己想要干的事，定期检查自立的效果。慢慢学会独立处理与自己关系重大的事，并以自己日常生活中处理问题的能力来评判自己独立性发展的状况。

2.扩大交际圈，增加自己的“曝光率”

在生活中，每个人都有固定的交际圈。每天往往和固定的人打交道，长此以往，你的交际圈毫无进展。想扩大交际圈，就要勇敢地走出去，认识新朋友。多参加聚会是认识新朋友的一个途径，可以依据自己的兴趣爱好，参加一些读书会、画展、户外活动等，以此来扩大自己的交际圈。

莉莉是一个性格内向的姑娘，平时喜欢在家里读书、练字，不爱出去和朋友聚会。时间一长，莉莉和朋友交流读书心得，却发现聊不到一块儿。莉莉想和其他人交流，却找不到合适的人。一段时间里，她非常苦恼。

看莉莉心情不佳，她的爸爸劝莉莉去参加本市的一个作者见面会，那里聚集了许多爱读书的人，他认为莉莉或许可以在那儿找到自己的朋友。莉莉觉得可以试试，便兴冲冲地去参加活动了。

在作者见面会上，大家各抒己见，谈论自己对书中内容的见解。这让莉莉大开眼界，一直沉默不语的她忍不住加入他们的讨论中。见面会结束后，莉莉很高兴自己找到“组织”了，不仅认识了新朋友，还开阔了眼界。

人在社会中不是孤立的，人与人之间的交往很简单，结合自身的能力、性格去寻找适合自己的朋友不是一件难事，难就难在你愿不愿意走出“舒适区”，去主动结交朋友。想结交朋友，就要主动走出去认识朋友，增加自己的“曝光率”。

3.做一个高情商的人

在生活中有很多人智商很高，但情商却不敢恭维。也有一些人情商很高，但智商一般。要想做一个优秀的人，最理想的状态自然是高智商加上高情商。

只要你善于与人相处，能有较好地把握自己和他人情绪的能力，就能够成为一个高情商的人。提升自己，优化社交，在人群中做那个最真诚善良的人，那么，你的微笑就一定是最迷人的。

总之，如果你够细心，就会发现社会名人和企业政要往往都是很理性的人，他们很少感情用事。正因为理性和沉稳，他们才能冷静地判断周围的人和事，从而做出正确的决定。他们的事业也因此能够蒸蒸日上，人格的魅力和社交圈的实力都在不断地增强，进而一步一步地实现自己的梦想，不断走向人生的一个又一个辉煌。

资本越多，交际能力越强，社交圈越给力

人际关系是我们生活中的一个重要组成部分。日常生活中，良好的人际关系能让我们心情愉悦，积极向上。倘若搞不好人际关系，将对我们的工作、生活及心理健康有不良的影响。另外，一个人的资本越多，交际能力越强，他会愿意花更多的心思来经营自己的人际关系。所以，提升自身的交际能力至关重要。

交际能力弱的人，我们称之为不善交际的人。这类人在生活和工作中容易处处碰壁，走到哪里都容易遇到阻碍。交际能力强的人，我们称之为善于交际的人。这类人能够圆融处世，有着丰富的社交资源，做起事来总能左右逢源，因此他们更容易做成大事，飞黄腾达。

这也就是人际关系的本质：互惠互利。人们在社会的各种交往的过程中互相帮助、互相促成、共同发展、合作共赢。如果你拥有一大批优质资源，生活中迷茫时有人为你指引前路，工作中遇到困难有人帮你出谋划策，人际关系出现问题有人善意提醒你，你也会更容易实现自己的目标。但前提是，你拥有雄厚的实力和资本，成为一棵高大的梧桐树，才能引得“凤凰”（社交资源）来。

程雷和常青是多年的好友，他们两个人一起上学，一起工作，感情要多好有多好。后来，常青获得了一次机会，他在亲戚的帮助下去了美国“镀金”。几年后，他回来时，摇身一变已成了某企业的董事长。所谓的财大气粗就在常青的不经意间表现了出来。虽然他的行为旁人看着有点碍眼，但程雷丝毫不计较，因为常青发迹之后并没有忘记关照他，而是时常会给他介绍几个客户，帮他出一些经营上的点子，甚至在寂寞的时候陪他喝酒聊天，两个人尽管地位有所改变，但感情丝毫没有改变。有人问程雷：“常青是大企业的董事长，你还是个小老板，他跟你交往图什么啊？”

程雷笑了笑，说：“人和人交往不仅仅是图金钱和地位的，还有一些东西是金钱和地位无法替代的。”有时候，客户喜欢打高尔夫，常青对此一窍不通，他的一个电话，程雷必然会在第一时间赶到，并且让常青的客户玩到开心。常青对那些西班牙语的资料头痛不已，懂西班牙语的程雷会花掉自己好几天的时间帮他翻译好并送过来。常青和妻子闹矛盾了，也是程雷从中劝和。类似的事情在他们之间多得数也数不清。正是因为这样的互帮互惠，他们的关系才能一路走到今天，他们的感情才能历久如新。

你的资本越多，交际能力越强，你的社交资源就越丰富，在你需要帮助时就越给力。善于经营社交资源的人都不会忘记在自己变得强大和发达后去帮助和感恩那些曾经提携、帮助过自己的人。你工作几年之后，一定会有很大的变化：你的生活、工作经验更加丰富了，你的社会地位也在变化，也许你已经身居要职，你的专业水平也许已经变得极高了，也许你在经营社交资源和拓展社交圈的能力上已经很强了，这些都是你的资本，是多年来你辛苦经营和拓展社交资源的回报，也得益于你的不断努力和提高。回顾你走过的路，你会感慨社交资源的神奇魅力，也会更加乐意继续拔高自己，拓展社交圈。请记住一句话：你若盛开，蝴蝶自来。与其羡慕别人，不如努力成就自己！

激发潜意识的能量，助你心想事成

人的心理分为两部分：一是意识；二是潜意识。潜意识的力量比意识大3万倍。潜意识会依照我们心中所想的画面构成真实的事物。潜意识无法分辨事情是真还是假，一旦被接受，它终究要变成事实。只要有明确画面进入潜意识，潜意识会立即想尽办法把这个画面转为事实。只要我们给予潜意识一个画面，它就会努力将它实质化。

这是我们常说的“心想事成”。很多人的心里其实都非常渴望能够出人头地。可如果在人际交往过程中，因为自卑或者敏感，内心充斥着否定、负面等因素的话，那这种人是很难成功的。

要想改变这一切，就必须为自己的潜意识重新输入正确的信息。每个人来到这个世界上都是一张白纸，用一句话形容就是：“你相信自己是谁，你就会成为谁，无论你相信自己能做到，还是相信自己做不到，你都是对的。”

这就是激发潜意识的功效，它不是什么非常实际、看得见的东西，但却是冥冥之中不可或缺的一种神奇的力量，它能够帮助你释放自我，让你理想中的那个人成为镜中的自己，只要你相信，你就可以改变。同时你还要明确一点，潜意识既执行好的想法，也执行坏的想法。你要是消极地使用这一规律，它就会给你带来沮丧、失败和不幸。如果你的习惯思维方式是和谐的、具有建设性的，那你就会经历健康、成功和一切美好的事情。

曾经看过一本书，上面有这样一句话："你要学会给宇宙下订单，那么，接下来的一切就会按照订单的内容实现你的愿望。"这句话说的基本上就是上述我们阐述的那个意思。潜意识里希望达成一个什么样的愿望，你的一切行为、语言和思想就会朝着这个方向去做。如此一来，如何才能激发自己正面的积极的潜意识，就成了大家所关注的话题。这就需要大家做到以下几点：

1.释放之前先要储存

我今年一定要认识30个优秀的朋友，我今年一定要拿下销售冠军的荣誉，我一定要挣到50万元……当你在向宇宙下订单的时候，在你从内心不断重复并加深你的目标时，你会发现，所有的一切都是朝着你的意愿进行的。

心里反复地强化这个目标或者结果，人的行为就会不自觉地朝着这个方向去努力。用心努力过的结果自然不一样。开发你的潜意识，去积极热情地迎接朋友、增强学识，这样一来，有备无患的你无论在任何场合都可以游刃有余地运用好你的社交资源，那么好运气自然会上门找你。

这里需要提醒各位的是，你下的这个订单要切合实际。一个乞丐下订单让自己成为亿万富翁的概率很小，对吧？在你目前的基础上，循序渐进地制定目标，就像王健林说的"先制定一个小目标，赚他一个亿"。咱们不说一个亿了，可以从每天多读一本书，每月多交一个朋友，每年和去年相比，自己有很大的提升等等，去定目标。这些目标都需要你去储备，然后才能一点点地实现，不是吗？

2.运用潜意识时要注意筛选正面和负面的消息

所谓"众人拾柴火焰高"，只要大家都愿意帮助你，你的社交资源就会爆发出你意想不到的能量，助推你朝着想要实现的目标奔跑。每个人都希望自己每天处在一个团结和睦、人际关系氛围良好的圈子里，这样每天都能吸收正能量，从而促进自己积极地去改变和提升自己。

没有人喜欢跟一个负能量的人来往，见面不是抱怨就是沮丧，要么就是嫉妒和生气，这样的负面情绪很容易对你的身心健康造成不利影响，也会让朋友变得消沉和郁闷，长此以往，会严重影响你的社交圈健康有序地发展。就像没有人希望天空一直下雨一样，明白了这些，就要有意识地调整自己，努力做一个受大家欢迎的充满正能量的人。

基于上述这些原因，你要学会训练自己，多看正能量的书或者影视作品，还有那些访谈录以及新闻报道，从中受到点点滴滴的感染，激发自己积极向上的力量，努力开发和利用好积极的潜意识，使之发挥积极效应，吸引积极因素，并对可能导致失败的消极的潜意识加以严格控制。不断输入新的积极的信息，使积极的心态占据统治地位，成为最具优势的潜意识，甚至成为支配我们行为的直觉习惯。

3.让自己成为一个闪光的人

会场上最引人注目的是谁？当然是站在会场中央的人。一个公司最受大家关注的人是谁？当然是位高权重的人，或者是一个个性鲜明的人。社会上，哪些人是闪耀在众人眼里的人？政客、企业家、明星等等，他们总是会带着夺目的光环出现在人们的视线里，带给人们满满的正能量。

正能量是在人的意识和潜意识中不自觉表现出来的行为，阳光、温暖、积极、向上，对人友好，充满关怀等等，跟这类人在一起，你会觉得一切都非常美好。如果是刻意做作，则很难自然而长期地保持这样的状态，因此，这类人的心里一定是有着美好的愿望和爱的动力，使得他一出现在众人视线里，人们就不由自主地想去靠近。

实际上，愿意靠近某个人，更多的是愿意接近自己内心的潜意识，因为你想要靠近的就是他身上的品质和光环。既然如此，你不妨也做一个正能量的人，让自己像太阳一样去照亮周围人的内心，让他们也变得阳光起来。

4.让吸引力发挥作用

通常，在超强记忆力训练中，每到最后的环节，老师都会让大家闭上眼睛，对自己说："我最棒！我的记忆力最好！"默默地说5遍。这其实就是在反复训练中让潜意识转变成意识，引导人们的行为，从而达到最理想的状态。

如果你想有一件和明星同款的衣服，那么你就会腾出时间和精力在网上、在商场里去寻找，盼望着下一秒钟就能找到，就可以立刻买下来，然后穿在自己的身上，拥有那份如该明星般的美丽和自信。如果你听朋友说普罗旺斯的薰衣草很美，你也特别想去看。于是你会提前从旅行社打听行程，在网上预订酒店，为那一个愿望的实现早做准备，甚至你会请朋友给你推荐当地有名的景点和特产等等。

这样不断地经由大脑反复记忆和输入，当潜意识开始接受这样一个指令的时候，所有的思想和行为都会配合这个想法，吸引力于是发挥作用，吸引你朝着你的目标前进，直到达成目标为止。

影响一个人潜意识最重要的一点，就是要重复、随时随地不断地确认你的目标，并且一直想着你的目标，这样的话，你的意识就会吸引你达到目标所需的条件。世界上之所以会有人成功，是因为他们知道了或者悟出了潜意识的巨大能量，因此他们相信自己所想象的成功会变成现实。其实，你也可以！愿你也能利用潜意识的能量助自己心想事成，美梦成真！

两个看家宝，一个也不能少

也许从本书开篇读到现在，你依然有一个困惑：一个人想要成功，究竟是能力重要，还是人脉重要？身边无数个例子告诉你，某某某能力不行，但因为会巴结领导、阿谀奉承，所以事业顺风顺水。某某某绝对高智商，但因为缺乏心计反而下场惨淡。是的，这些都是客观事实，作为本书作者，我想要建议的是，凡事都要一分为二地看待，不能带有偏见，也不能钻牛角尖。如果你真的想要一个答案，我会告诉你，能力和人脉一个都不能少。

如果你还是普普通通之辈，当然是能力重要，因为它可以帮助你在这个社会上立足、生存。如果你是家财万贯、地位显赫的人或者是某个领域的顶级专家，那些价值高的人脉资源将会主动找你，因为每个人都想融入优质的社交圈，以此发展自己、提升自己。

时局不同、阶段不同，身份不同、角色不同，自然人际交往中的需求也不同。只有具备一定的能力才有资格去创建高效优质的社交圈。那么，要怎样才能拥有超强的能力和给力的社交呢？要怎样才能避免“只有能力却缺乏人脉”或“只有人脉而能力不足”的人生缺憾呢？

打个比方，能力是你的右手，有能力的人到哪里都能干得好；人脉是你的左手，是你事业发展的保障，有人脉的人到哪里都吃得开。拥有这两件看家之宝，你定能在事业上前程似锦，步步高升。因此，能力和人脉就如同一个人有了一双翅膀，两者不可或缺，不偏颇任何一方，才能飞翔在成功的天空上。

有一位著名拳师曾说过：“一开始我觉得永远打赢不了高个子师兄，正准备放弃时，师傅告诉我，打拳获胜的关键在于能不能练出‘功’、练出‘巧’，就是左手坚防稳卫，右手出其不意地出击，并且刚中带柔，柔中带刚，达到刚柔并济才能制服对方，这也是武术的精髓。”经过师傅的指点，他恍然大悟，不到两年，所有的师兄弟都不是他的对手了。打拳让他明白了一个道理：做任何一件事，都要像打拳时的左右手一样，要密切配合才能做好。

要想事业获得成功，其实道理也是一样的。无论你想成就什么样的事业，能力都是你的“硬件”，人脉则是你的“软件”，只有“硬件”和“软件”有效地配合，才能克敌制胜，迈向成功，成就自己。

俗话说，英雄出身也贫寒，历史上有许许多多大企业家甚至国家领导人都是草根阶层出身的，那时候，他们既没有势力也没有财力，但他们都在后来练就了超强的品格和能力。

春秋时期，管仲和鲍叔牙是一对好朋友，鲍叔牙家境富裕，管仲家庭穷苦。两人合伙做生意时，鲍叔牙经常让管仲拿较多的分红。后来，管仲和鲍叔牙纷纷从政，齐国朝政混乱，管仲辅佐公子纠，而鲍叔牙辅佐公子小白。齐国国君不久后过世，公子纠和公子小白回国争夺王位。公子小白胜利坐上了王位，史称齐桓公。齐桓公任命鲍叔牙为上卿，鲍叔牙却拒绝了，举荐关在监狱中的管仲，对齐桓公说：“论治理国家，我的才能不如管仲。管仲能尽心为公子纠办事，说明他是一个忠实诚信的人，如果陛下想治理国家，没有管仲是万万不行的。”在鲍叔牙的劝解下，齐桓公同意了，任命管仲为上卿，和鲍叔牙齐心治理齐国。在他俩的管理下，齐国成为诸侯国中最强大的国家，齐桓公成为历史上有名的春秋霸主。

从这个事例中我们不难看出，决定能否成功的关键是你的能力强不强，人脉好不好。一个人如果没有好的人脉，纵使你的能力再强也无机会施展，只能落得个“怀才不遇”“抱恨终身”的遗憾结局。反过来，如果只注重提升自己而不注重社交圈的建设，最后容易如同断翼的鸟儿，无法飞翔在天空。现实中不乏这样的人，相貌堂堂，胸怀大志，才华满腹，既有学历，又有超强的工作能力。然而，他们却始终郁郁不得志，甚至是别人眼中的失败者和负面教材。于是烫金的文凭，丰富的经历可能成了累赘——没有这一切也不过如此嘛！

一个成功的人因为能力促成了人脉，最后又因为社交而延伸了自己的能力，实现了人生大的飞跃。看过金庸武侠小说《射雕英雄传》的人都知道，郭靖看似呆头呆脑的，比起会要心计、耍阴谋的杨康差远了，但是他后来却成长为了人人佩服的大英雄。因为郭靖的师傅既有以侠义著称的江南七怪、擅长内功心法的马钰道长，又有武功盖世的洪老帮主、童心未泯的周伯通，而且身边还有聪明过人的红粉知己黄蓉。这简直是天时、地利、人和都具备了，想不成就一番事业都不行啊！郭靖虽然脑子反应比较慢，但他深深懂得，独腿走不了千里路，要想真正在江湖上闯出一条路来，必须兼容并蓄，集众家之长。因此，他用心地、真诚地“学”出了自己的社交，并最终成了一代大侠。其实我看，郭靖一点儿也不笨，他比谁都聪明，因为他懂得社交的重要性，深知“众人拾柴火焰高”，集聚众人的智慧，延伸自己的能力，就必定能让自己成为一个绝世高手。

美国哈佛大学曾针对200位百万富翁做过一项调查，最后发现每一位百万富翁都有着不同寻常的能力，他们可以从诸多的人当中识别出哪些是有价值的，和什么样的人交往才能收到相互提携之效。需要注意的字眼是“交往”，而不是“攀附”，前提就是首先你要提升自己的能力，才可以追求更高效更优质的社交，否则你对他们毫无意义。

每一个梦想成功的人都不能缺少一双翅膀：能力以及人脉，只有两个方面同时进步，不顾此失彼，才能练就出一对有力的翅膀，帮助自己翱翔在理想的天空上！

拓展宽广人脉，绘制人生蓝图

如同国家想要富裕强盛，都必须要科学地制订发展计划去一步步落实一样，一个人要实现自己的理想，达成自己最想要的人生理想状态，也必须要先拟订自己的人生规划，然后按照规划一步步落实。

人生规划简单地说就是个体在仔仔细细、认认真真地琢磨“如何走好自己的人生历程”这一问题之后所做出来的人生设计。如果要给它一个更为严格的定义，我们可以将它等同于《思考致富》的作者拿破仑·希尔所说的“生涯规划”。

根据希尔的观点，“生涯规划”就是指一个人生涯过程的妥善安排，在这个安排下，个人能依据各计划要点，在短期内充分发挥自我潜能，并运用环境资源，以达到各阶段的生涯成熟，而最终完成既定的生涯目标。由此可见，人生规划的时间跨度贯穿个体从制订规划的那一刻到人生命结束的整个历程，其核心内容由人生目标和计划两部分组成。

在丰富多彩的生活中，尽管人的思想是有序的，具有一定的规律性，但是人总会由于环境的变化、生活的纷繁复杂而产生一些瞬间的灵感和念头。这种由于主观心理及客观环境条件的变更而产生的短暂想法，都不属于人生规划的范畴。人生规划不是针对特定时间、地点、事件的特定想法，而是关于人生的总体打算，是个体为实现人生理想目标而制订的人生实践的总体方案。

我们认真地思考一个问题：你有人生规划吗？你的人生规划是什么？

把人生理想分成工作、家庭与社交三类。请你回答下面的问题——

1.10年后的工作：

你希望达到哪一种收入水平？

你希望寻求哪一种程度的责任？

你希望拥有多大的权力？

你希望从工作中获得多大的威望？

2.10年后的家庭：

你希望你的家庭达到哪一种生活水准？

你希望住上哪一类房子？

你喜欢哪一种旅游活动？

你喜欢如何抚养你的小孩？

3.10年后的社交：

你希望拥有哪种朋友？

你希望参加哪种社团？

你希望获得哪些社团的领导职位？

你希望参加哪些社会活动？

请不要逃避，这些都是要切实面对和解决的问题，只有认真地思考，你才会对你的人生有一个可预见的展望。当然，这里还需要注意的是，制定人生目标千万不可不切实际。

1.你的目标必须是长期的。

没有长期的目标，你也许就会被短期的种种挫折所击倒。设定了长期的目标后，起初不要试图去克服所有的阻碍。就像你早上不可能等路口所有的交通灯都是绿色的才出门，你是一个一个地通过红绿灯，你不但能走到你目力所及的地方，而且当你到达那里时，你经常能看到更远的地方。

2.你的目标必须是特定的。

一个猎人，当他面对树上的一群鸟时，如果说他能打下几只鸟的话，那么他肯定不是向这群鸟射击，几只鸟的收获一定是猎人瞄准特定目标的结果。

3.你的目标一定要远大。

一旦你确定只走1千米路的目标，在即将走完1千米时，你便有可能感觉到累而松懈自己，因为反正快到目标了。然而，如果你的目标是要走10千米路，你便会做好思想准备及其他一切必要的物质准备，并调动各方面的潜在力量，一鼓作气走完七八千米路后，才可能会稍微松懈一下自己。所谓“行百里者半九十”，就是这个道理。

4.你的人生大目标并不一定要详细精确。

只要有较明确的方向和大致程度要求就可以，例如立志做个卓越的科学家、立志做个大企业家或是立志做个改变世界的政治家等等。

强薇是学审计学的，大学毕业后她在老家的国营单位做会计，她的父母都是知识分子，从小就对她进行精心地教育。大学毕业后，强薇工作了几年，她有了丈夫和儿子。就在儿子不到十个月大的时候，她辞去国营单位的工作，和丈夫一起带着儿子前去深圳打拼，开始了艰苦奋斗的岁月。她的这个决定让所有的亲朋好友都无法理解她，好好的一个国营单位，人人还巴不得能进去呢，她却轻易地放弃了。

在深圳，她一直坚持了好多年，先是从会计做起，一直做到财务总监。那时她的计划就是不断地提升自己，不断地提高自己的生活和工作层次。先是维持一份工作，有固定的收入，然后房子、车子也有了，在自己的人生道路上，她坚定了自己人生的走向。无论是磕磕碰碰也好，美滋美味也好，就是这样好强的她，最终爱上了这个属于她的城市。

总结自己的过去，她从想法、态度、时间、选择、行动、投资、承受力和自我激励等各个方面都想了很多很多，写下了很多很多。她认为自己过去这些年，在自己长远目标和人生蓝图的指引下，得到了很多，也成长了很多。

强薇的奋斗历程启示我们，一个人只有先懂得规划，才能慢慢地一路前行。规划是无声胜有声的，人生的规划更是如此。由始至终，每个人都要清楚地知道自己的追求——真实、自由、精彩，以及生命所赋予的其他质地。正因如此，人才可以从平淡的生活中看到成功的希望，才可以在工作与生活的混搭状态中找到乐趣，才可以大胆规划五年后的人生路，寻找那些可以帮助自己的人，并为此铺就一条宽广的社交之路。

Chapter 7

做好这几件事，稳固你在社交圈中的地位

想脱颖而出，要创立自己的品牌

世界上找不到完全相同的两片树叶，也很难找到两个长相完全相同、性格完全相同的人，就连双胞胎之间，也有着或多或少的差异。换句话说，这个世界上，只有一个你，独一无二。

如何让你自己在社交圈里个性化地存在，是每个人都应该思考的问题，因为这就像品牌一样，想从众多产品中脱颖而出，必须要有自己独特、鲜明的标志。举个例子，很多名片都展现了充满新意的个人信息，如地产大亨潘石屹，他的名片就是一个穿着唐装的漫画版潘石屹。很有个性对吧？

某集团董事长，他的名片是透明的，又有质感花纹的，如果你不仔细看，是看不清楚他的个人信息的。而你用心看的时候，势必就会记住他，还有一个艺术界的朋友，他的名片上只有一句话：您的朋友某某某。

这就是这些人的与众不同之处。正因为与众不同，让人们都牢牢地记住了他们的名字。他们运用了差异化策略。物质产品的造型设计是最容易模仿的，有时也是最不具备核心竞争力的东西。尽管你我都不是像潘石屹一样的大人物，能利用各种资源来宣传自己，但在生活和职场中，我们同样可以凭借与众不同的方式为自己谋得一片天地。

杨阳至今还记得他当初应聘时的情景。因为就读的是一所普通高校，加上专业也很普通，所以他在拥挤的就业大军中就显得毫不起眼。那天是最后一场招聘会，眼看到了最后，他的简历还是没能投递出去，杨阳的心里有些着急。再不抓住机会，可能就很难找到称心如意的工作了。

情急之下，他跳上一张桌子，举着手里的简历喊道："我是××大学××专业的本科生，同时也是××专业的本科生，四年时间里我取得了两个学位，自己还创办过公司，出过书，做过演讲，如果您在百度上搜索我的名字，相关信息都会出来。现在，有哪家单位需要相关专业的人，我愿意去试试！"

"当时，黑压压的人群安静了下来，大家都纷纷转过头来看我。在沉默了半分钟后，人群中有个声音说：我是××单位的，到这边来。我跳下桌子走了过去，那就是我现在的单位。仔细想想，我当时的行为有点二，可正因为这样的与众不同，单位才录取了我，否则，我跟招聘大军中的绝大多数人并没有什么不同。"杨阳笑着说。

那些成功的人，有时候不在于比其他人更好，而在于能独辟蹊径，他们明白自己要走哪条路，而且明白要到达目的地就得在别人的印象中留下与众不同的形象。建立自己的个人品牌，不必局限在要"比某个人更好"的思路上，只要与众不同，你就是一个新门类里的领头羊。要让大家一提到你的名字，就想到了什么，这就是你要为自己精心打造的一个形象LOGO。

香水中95%都是水，只有5%不同，那便是各家品牌的秘方。人也是这样，95%其实都是很像的，比较起来差别就在其中很关键的5%上，人与人的差别就在这不被人注意的细节上面，而这些不被人注意的细节恰恰让一个人与众不同。

李晓彤总是一身靓丽打扮出现在众人面前，每次见到她时旁人都会有不同的感受。她有时穿着婉约的旗袍，有时穿着优雅的礼服，有时是穿着性感的吊带裙……她因为百变的风格，将自己美丽的印象留在了大家的脑海中。身边的朋友都说，每次看到她后自己的心情总是很好。

秦小漫跟所有人交往都喜欢送对方礼物，每次出去的时候她都会带回来很多小礼物，然后送给老朋友，送给新朋友。慢慢地，大家熟悉了之后，都非常喜欢她，受她的影响，她的朋友也喜欢见面的时候送点小礼物给别人，觉得这样才显得亲密和真诚。

要让自己被他人赏识，赢得更多朋友，首先你要让自己成为众人注目的焦点。如果别人都没来得及看你一眼，又怎么谈得上赏识呢？机遇总是青睐那些与众不同的人。怎样与众不同呢？或许你觉得这很难做到，其实创新也并不像我们想象得那么难。

有个朋友为了让自己变得独特，让大家都记住自己、喜欢自己，便经常去搜集笑话。每次聚会的时候，他都非常幽默，出口的笑话总能逗得大家哈哈大笑，非常开心，于是大家都记住了他是一个性格开朗的人，一个很会讲笑话的幽默的人，一个很受大家欢迎的人。

有个朋友是个热心肠，于是每次谁遇到什么困难了，找她准没错。还有个朋友擅长做美食，并且养生与保健方面的知识她也非常精通，谁健康有了小问题，给她打一个电话，她给你一个小偏方往往就能帮你处理掉麻烦。

就是因为这些特色鲜明的人存在着，他们在各种场合积极地表现着自己的优点和长处，所以才能有机会被人知道，赢得优质的社交资源。

很多人总有一种怕出风头的想法，认为主动去赢得别人的赏识特别丢人，只有别人发掘出自己这块大金子来，才算是真有面子。事实上，这种想法已经落伍了，如果你还在等待机遇的话，可能比你差的人都已经超过你了。为了使你的人生目标早日实现，不妨也给自己穿一件“与众不同的红衣服”吧！说不定你马上就能在你的社交圈里脱颖而出，受到大家的关注和喜欢呢。

良好的口碑是你的金字招牌

有一句广告语是这样说的："金杯银杯不如老百姓的口碑！"古人则有这样一句话："众口铄金，积毁销骨。"这8个极具张力的字眼，将口口相传的威力体现得淋漓尽致。这两句话其实都在启示我们，口口相传的舆论影响力是极为巨大的。当然，口碑都是自己打造出来的，因为群众的眼睛是雪亮的，不用担心你做了好事会没有人知道，也不要抱侥幸心理说自己做了坏事别人会不知道。既然口碑的影响力那么大，我们一定要尽可能多地做好事，切勿做坏事！

18世纪英国大文豪、词典编纂家约翰生曾经说过："圆满人生不仅限于个人的独立，还需追求关系的成功，维系人与人之间的情谊，最重要的不是技巧，而是诚信。"在人际交往中，一个人的闪光点会显得格外吸引众人。一个善于交际的人一定会把功夫下在为自己树立口碑的工作上。人际关系就像是一张无形无色的大网，虽然每个人都身处其中，可是并没有人天生就会拥有它，所以，要想让自己成为高手，就要不断地去学习和修正，一点一滴地进行累积，为自己树立良好的口碑，增加自己在社交圈里的吸引力。

口碑好了，对你在很多方面都好处多多。例如，在职场上你的口碑非常好，那么你的同事会对你赞不绝口，你的下级会对你更加尊重和信赖。你的上司会对你信任有加，然后你的职场之路将走得更加顺畅；你的家人会对你爱意绵绵，于是你的事业后盾就会更为强劲……只要你拥有了良好的口碑，你将更容易打造和拓展你的社交圈，让自己在工作中更加左右逢源，受众人喜爱。

杨庆的前一份工作是一家公关公司的职员。如今，她是国内某知名钟表代理公司的公关经理。不少人都很羡慕她能得到这样一个好职位，杨庆则说能获得职业生涯攀升的机会连自己都觉得意外，因为是老板主动找上她的。说来话长，现在的老板曾经是她的客户，在接触过几次之后对方非常认可杨庆的办事能力，当公司有岗位空缺时，他便将她列为候选人之一。之所以被公司选中，“后来我才知道，老板曾经问过几位媒体记者的意见，结果最后选了我。”由于杨庆与媒体接洽时，会针对不同属性的媒体提供多元的新闻角度，这份努力让记者肯定其专业性，她对工作的认真和待人的热情给大家留下了很深刻的印象，若有人问起杨庆的工作能力，听到的都是关于她的美言。在人际关系中，往往就是因为你能给大家一个很好的印象，有口皆碑，所以即使你没有刻意地去经营你的社交关系，也照样有人主动帮助你构筑起对你鼎力相助的社交圈。

众所周知，“关系”对于中国的商务人群有着不可言喻的魔力，通过种种关系可以使事业做得更顺畅，让自己的前途更辉煌。在打造社交圈之初，双方的关系确立之后，从共享资源的那一刻起，我们就应该开始着手踏实认真地干事。在工作上、生活上肯用心做事是第一步，博得客户、上司、同事、朋友的信任，先有工作表现为基础，人脉的加分效果才明显。

古人曾留下了“伴君如伴虎”这样的话。若把领导或者大人物交代的事情办得一塌糊涂，你的口碑也会随着该领导或大人物的影响力而臭名远扬。当然，如果一个和你相关的好口碑是从领导或者大人物的嘴里传出的话，那么你将收获到意想不到的好处。因此努力争取机会帮助高层的领导或者高端人脉做事，这样做带来的口碑效应，便会随着这位高端人士的影响力而让你美名远扬，一句“这小伙子不错”会让你在人生道路上少走几年的弯路。

调查显示，口碑传播是一个被消费者经常使用且深得信任的信息渠道。53%的电影是通过口碑传播的；59%的计算机用户或打算购买计算机的消费者会从朋友那里获得购买信息；分别有53%、49%的消费者会通过朋友介绍，获得空调、保健品等产品的信息。除此之外，在各行各业的“杀戮战场”上，“专业是利刃，社交资源则是秘密武器”，如何以极自然的、有创意的、互利的方式去经营社交资源，是胜负的关键。

我们已经知道，社交的本质是价值传递，其中传递价值的方式之一就是人际关系传播。所谓“口碑传播”与“人际关系营销”，即利用社交圈中人与人之间的各类关系相互推介或口碑相传促成交往互助。口碑传播与人际关系营销曾被人统称为“人际关系传播”。事实上，人们对于“人际关系传播”的说法自古就有，如“一传十，十传百”。口碑和传统的沟通方法的重要差异在于，“人际关系传播”是直接的、面对面的过程，在人们的抉择过程中有着巨大的影响力。

那么，怎样才能在社交圈中树立一个良好的口碑呢？

1.遵循游戏规则

有人的地方就有制度，无论是哪一个行业，还是哪个社交圈，都有自己的特定制度，这从打造社交圈时起就带上了强制性和特殊性，不管你喜欢不喜欢、愿意不愿意，都要遵守这个行业的规则。另外，一个做事严谨、认真负责的人很容易在他人的心中留下良好的印象，这是建立双方信任不可或缺的一笔，因此在你的社交圈中，无论跟谁做事，不管给谁做事，都要尽职尽责，最大限度地圆满完成它！

2.学会与人共事

社交的本质是价值传递，在你和优秀人士、大人物等接触交往的过程中，一定要善于观察，善于分析对方身上的特质，并且根据这些特质做出正确的判断和决策，以特有的方式去干好一件事情。这其中包括真心、细心、用心、决心以及信心，只有对自己严格要求，才能交上一份令人满意的答卷，才能博得对方的认可和信任，这也就是千金难买的好口碑。

3.多为他人考虑

一个热情积极的人总是让人难以拒绝的。在人际交往中，如果能站在对方的角度上去体察对方的需要和感触，会为你赢得一份信任和感激。当你从一个生日问候到病床前探望，再到为他的发展出谋划策，都真真切切地为他人考虑时，不仅体现了你的能力，更重要的是，你高尚的人格也得到了别人的尊重和欣赏。一个处处为他人考虑的人谁都喜欢，一个愿意为他人考虑的人谁都愿意去帮助和提携，这也是良好口碑的作用、魅力和影响力。

4.制定长远目标

好高骛远、不切实际的想法是不可取的。在人际交往中，如果你这山望见那山高，给别人提一些不合理的要求，那么你的这种行为一定会让别人反感。制定好自己的发展规划，踏踏实实地一步一步去实现自己的人生目标，会让别人认为你是一个有进取心、有潜力的人，在一个无法预测的未来中，每个人对你都怀有期望，这也是促使别人和你继续交往的目的之一。

好口碑是从每一件事每一个细节上体现出来的，不是一蹴而就的，更不是一日而成的，因此要想为自己赢得一份优质的社交圈资源，要想获得优秀人士、大人物等的信赖和支持，就一定不能忽视口碑的魅力和巨大影响力，从生活中的小事做起，从工作中的细节做起，从与每一个人的相处过程中做起，相信有心栽花花必开，不知不觉中好口碑会在你的社交圈里悄然传开，你的价值会得到提升和肯定，一个美好的人生将在不远处等待着你。

所有的言行都能给个人品牌加分

假如在拥有一定经济实力的基础上，当你想买衣服时你首先会想到买什么样的衣服？当你想买汽车时，你会选择什么车？人们给出的答案大都是：购买我们耳熟能详的品牌的东西。

品牌的力量除了能够带给拥有者一定的享受之外，还可以产生一种无形的资产。对于一个人来说，也是如此。你的品牌不需要到处发广告，也不用自己评价，而是别人给予你的一个定义，这个定义来自社交中你的言行举止。

个人品牌的微妙力量使人们产生了一种错误观念，认为这只是社会上成功人士的事。这种想法是不对的，想想看，那些名人最初是怎样成名的呢？他们一定也是在默默无闻的时候打造了自己的品牌。就像成龙，练武时期，每天凌晨起床，很晚才去睡，功练得不好时还要受师傅惩罚。但正是这一切成就了成龙今天的辉煌。

2017年红遍全国的《中国诗词大会》和《朗读者》让“央视一姐”董卿再次站在了人们的视线里，她的美丽和优雅已经广为所知，她的渊博和知性却因为这两个栏目而被广为流传。

有记者在采访董卿的时候，提起她小时候父亲对她的教育，她忍不住泪流满面。身为报社总编辑的父亲对董卿要求严格到苛刻的程度，作为一个女孩，不准照镜子，不能买漂亮衣服，不能拥有花里胡哨的玩具，她每天需要做的就是背诵诗词和抄写诗词。年龄再大一点后，就是用毛笔抄写，这样枯燥乏味的生活一直伴随着她到大学。如果不是这样坚实的积累，她不会在主持现场脱口而出优美的词句，大家也不会知道，原来她拥有今天的高度，真的因为她是一位不折不扣的学霸！

一个人如果没有口碑和品牌，在同行业中工作时间再久，也难以保证发展之路越走越顺，往往还是不被他人信任，做起事来还会很累，就难以形成事业上的持续性。如果你能花一点时间建立起自己的品牌，只要你用心维持你的品牌，那么在一个行业发展下去，只要亮出自己的品牌，一切都会水到渠成。这就是为什么有些人的社交会越来越宽广，在事业上越走越轻松的原因。他们就是在不知不觉中打造和形成了固定的社交品牌，从而为自己赢得了更多的资产。

一个人的个人品牌会给人一种清晰的、强有力的正面形象，别人一想到你，这种正面的形象就会浮现在他们的脑海里。比如张三很正义，李四很慷慨，王五很善良，赵六很豁达等等。这些形象都体现了你在别人心目中的价值、能力以及作用，是你在别人心中的展现，直接影响着别人对你的看法。当他人需要做某事的时候，第一个想到的人就是你，那么，在某件事情上你已经具备了绝对的优势，已经被大家强烈需要。如此一来，好人脉、好前途，还会远吗？

我们不得不说，在这个高速运转的社会里，人与人之间的交往越来越靠符号。例如，给某个人贴一个标签，便于我们快速理解和分析这个人。

这是一件很有意思的事，有一次吃饭的时候，陈子然向刘康杰打听一个人，只见刘康杰拿出手机，在搜索一栏里输入“互联网”三个字，然后就出现了几十条信息，不出一分钟，刘康杰就报出了那个人的手机号码。

陈子然好奇地问：“我们存手机号都是按照这个人的姓名存的，你怎么还搜索‘互联网’？”刘康杰哈哈一笑，说：“因为他在互联网行业上班啊。你看，这里还有‘新闻’，这些都是记者；还有‘书籍’，这些都是在出版社工作的。仔细把每个人名按照行业来划分，找起名字来快速方便，同时还避免了同名打错电话的尴尬。”

每个人都会给别人贴一个标签，即属于这个人的关键词，比如有的人在请客吃饭的时候总是喜欢主动买单，于是大家就给他贴上一个“大方热情”的标签等等。与其说个人品牌是由别人定义的，不如说是由你自己给自己定义的。

每个人都期望自己有一个很好的个人品牌，但能打造出这个品牌却不容易。佛家说人有五毒（五种欲望）：贪、嗔、痴、慢、疑。在这五种欲望中，贪放在了最前面，是因为佛家觉得，人的欲望没有边界、没有止境。如果一个人总想让别人记住他所有的优点：既宽容又知识渊博，既活跃又善良……对不起，人们的关注力有限，他在人们心目中会是一个模糊的背影。人们只能记住一个人大部分时间里给大家留下的印象。因此要把自己最好的东西拿出来作为安身立命的根本，选择最适合自己发展的领域，展现自己的价值。虽然这在当代社会会很难，但正因为很难，所以更加宝贵。人们索取得太多，要展现的东西太多，其实远不如专一更能成就自己。有这样一个名词叫作“专一化战略”，我们也应该针对自己做好专一化战略。不必惧怕别人看不到你的优势，只要你持续强化自己的某一项优势，总有一天它将成为你人际交往坚不可摧的品牌。

那么，一个人怎样才能打造出自己的个人品牌呢？需要从以下几个方面着手。建立个人品牌的首要条件就是找到自己的利基点，了解自己，清楚自己的利基点以及未来想做什么，是一个人所有行动的出发点和动机所在。在此基础上，就是要让人们清楚地记得你。要让人们清楚地记得你的重要方法之一，就是建立自己独特个性的视觉形象。你的视觉形象向人们传递着你的素养、职业、习惯、风格等要素。阿拉法特几十年如一日的军服着装让人们感到他时刻准备着为巴勒斯坦的自由和解放而战；理查德·布兰森那件标志性的亮色花毛衣向人们透露着不修边幅、放浪形骸、幽默古怪的个人品牌信息；我国著名的广告策划人叶茂中老师一年四季戴着的棒球帽和一身休闲服，让人们能够清晰地记得他……这就是长期的重复有效地刺激人们感官的效果。

有一次，某位著名培训师在给一家企业培训时，向大家提问了几个问题。第一个问题是："世界上第一高峰是哪座山？"同学们齐声回答："珠穆朗玛峰！""第二高峰呢？"大家面面相觑，无人回答。培训师告诉同学们："第二高峰是乔戈里峰。"有人小声地在下面说："听都没听过。"培训师马上在黑板上写道："屈居第二与默默无闻毫无区别。只有力求出色，别人才能发现你，记住你；机遇才会光顾你，眷恋你！"

接着，培训师又问大家："有个人用水壶烧开水，等他生好火才发现柴火不够，他应该怎么办？"同学们展开了激烈的讨论，意见慢慢趋同于赶快去找柴火，或说去买，或说去借。培训师说："大家为什么不试着把水壶里的水倒掉一些呢？"同学们恍然大悟，明白了做事要敢于创新，要方法灵活，不要墨守成规，否则难以卓越。

接着，培训师又问了一个问题："我国古代有一个人，想学好一门立身的本领。他曾反复比较，决心去学屠龙之技。于是，他遍访名师，日夜苦练，终于学有所成，大家说他会怎么样？”同学们兴致勃勃，旁征博引，议论纷纷，说他肯定能成为英雄，受世人崇拜。培训师最后告诉大家：“这个人一生穷困潦倒，因为世上根本就没有龙。有梦想是好事，但是切记不要脱离现实。”

培训师的这几个问题和答案启示我们，在人际交往中要学会表达自己，展示你的魅力。要随机应变，不要墨守成规。在适当的场合抓住机会表明你的观点，这样你就有可能获得大家的认可和赞同，成功打造出独一无二的个人形象。但是，在人际交往中发表言论不要过于荒诞，脱离现实，这会让你的形象大打折扣。总之，适当的言行会给你的个人形象加分，所以，请大家大胆展示自己吧！

微笑是交友的无价之宝

在电影《唐伯虎点秋香》中，秋香那三次甜甜的微笑十分迷人，每一次微笑都是对风流才子唐伯虎的心灵撞击，让他神魂颠倒，令他感情的瀑布飞天而下，一泻不可遏止。这就是恋人微笑的魔力。因微笑而产生爱情，以至结成百年之好的鸳鸯佳偶俯拾即是；而没有微笑的恋爱大都成功率极低。

笑容对于生活中的每一个人都很重要。微笑不但会改变别人的心情，而且会改变你自己的心情。所以有人说，寒冬里那温馨的微笑，你就是拿整个春天来换，都不愿意给。一直把笑意挂在脸上，你自然就会拥有好社交了。在前面的章节里，我们曾专门探讨过微笑对拓展社交的巨大作用，这里再聊聊微笑对于吸引他人、赢得他人信任的巨大作用。

微笑是人的本能，可以拉近两个人之间的距离，具有神奇的魔力。真诚的微笑是交友的无价之宝，是社交的最高艺术，是人们交际的一盏永不熄灭的绿灯。有人说，如果长得不好看，就让自己有才华；如果才华也没有，那就让自己的脸上总是挂着微笑！古人有云："眼前一笑皆知己，举座全无碍目人。"任何人都不会轻易拒绝别人的笑脸。

由于鲜花店生意红火，老程又开了一家分店，他打算高薪聘请一位售花小姐。前来应聘的人很多，老程挑来选去，选中了三位，分别试用一星期，然后根据表现决定录用其中的一位。她们长得都很漂亮，但是经历各不相同，第一个女孩曾经在别家花店卖过三年的花，很有经验，她觉得非自己莫属了。第二个女孩是一个刚毕业的学生，因为她是花艺学校毕业的，卖花对她来说，可谓是专业对口了，所以她也觉得这个工作犹如囊中之物。第三位是一个孩子的妈妈了，她之前在家带孩子，孩子上幼儿园之后，她开始出来工作。她没什么经验，也没有什么理论知识，但是她没有放弃这个机会。

一个星期的试用开始了，第一个女孩子因为有经验，见到顾客就不停地介绍各类花的花语以及给什么样的人送什么样的花，几乎每一位顾客进花店，她都能说得让人买去一束花或一篮花，一个星期下来，她的业绩非常不错。

第二个女孩子在试用期时充分发挥自己所学的专业知识，从插花的艺术到插花的成本，都精心琢磨。她的专业知识和她的聪明也使得她业绩不菲。

第三个妈妈级的女人在试用期时，则有点放不开手脚，甚至刚开始还有点手足无措。但是她的脸上经常挂着微笑，从内心到外表都表现出一种对生活、对工作的热忱。她总舍不得扔掉一些残花，而是修剪修剪，免费送给路过花店的行人，而且每一个买花的顾客，都能得到她一句带着微笑的甜甜的祝福。顾客听了她的祝福之后，往往都会开心地回应她一个微笑，然后快乐地离开。

一星期的试用期结束之后，大家本以为被录取的人会是前面两位女孩中的一个，可出乎意料的是，最后被录用的是那个有小孩的妈妈。老程自有他的道理。他认为微笑是一种特殊的语言——“情绪语言”，它可以和有声语言以及行动相配合，起到互补作用，给人以美好的享受。老程认为用鲜花挣再多的钱也是有限的，用如花的心情、如花的微笑去挣钱才是无限的。花艺可以慢慢学，经验可以积累，但如花的心情不是学来的，因为这里面包含着一个人的气质、品德和自信……果然，这个女员工在两三个月之后，因为积累的人脉越来越广，有了很多回头客，花店的生意就越来越好了。

微笑是一个人内在心情在脸上的一种体现，绝不能见到客户就微笑，不是自己的客户就冷眼相对，这种功利性的微笑会影响自己的社交积累的。无论是不是自己的客户、无论对方身份是高是低，都应该报以自己真诚的微笑，这样不但能拉近人与人之间的距离，产生一种亲和力，还会使人在不经意之间就形成了一个有价值的社交圈。

你想在面对陌生人时能迅速地拉近彼此的距离，将其发展成为社交资源里重要的组成部分吗？那就微笑吧。真诚的微笑是交友的无价之宝，是人们人际交往时的通行证。你可能会说，微笑有什么了不起的，不就是把嘴角上扬吗？如果做不到，你可以学习奥运会的礼仪小姐，咬着筷子练习呀！事实上这并不是一个简单的表情，微笑是人内心的热情和愉悦表达出来之后，才开出的一朵鲜花。所以真诚的微笑会给人以很强的感染力，而不只是程式化地将微笑挂在嘴角，那样就像塑料花一样，显得太假，没有生命气息。

微笑不花一分钱，却可以价值连城。如果你善于运用微笑，那么将会有意想不到的效果。“旅馆业大王”希尔顿在一文不名的时候，他的母亲告诉他，必须寻找到一种简单容易、不花本钱而行之长久的办法去吸引顾客，方能成功。希尔顿最后找到了微笑！依靠“今天你微笑了吗”的座右铭，他后来成了世界上最富有的人之一。

虽然并不是每一个人都可以成为富有的人，但只要你善于微笑，善于去表达你内心的真诚，那么你的社交资源一定会大增，你的生命价值也会因此而步步高升的。

没有信誉就没有一切

人无信不立。信誉是个人的品牌，是无形的资本。有形资本失去了还可以重新获得，而无形资本失去了就很难重新获得了。因此，即使遇到再困难的境况，也不能透支无形资本。顾炎武曾以诗言志说：“生来一诺比黄金，哪肯风尘负此心。”这句话就表达了他坚守信用的态度。言必信，行必果，这既是对他人的尊重，更是对自己的尊重。

需要注意的是，承诺要量力而行，千万不可以为了一时意气，去做了自己力所不能及的事，最后打肿脸充胖子。当你无法兑现诺言时，不仅得不到朋友的信任，还会失去更多的朋友。

有一篇标题叫《没有信誉就没有一切》的文章说：“一个成熟的社会，一个有力量的社会，不但要考虑每一个人，而且还要为他们建立必要的档案，这个必要的档案并不是黑档案，而是能够向有关方面证实你的可信度的。这样，银行才可以借钱给你，商人才敢与你做生意，别人才能与你合作，公司才好聘用你，当然你也可以分期付款购房购物……只要有证据表明你是一个信誉良好的人，信誉就是你的通行证，你就可以受人尊敬地通行于这个文明社会。”

失信于人，大丈夫不为，智者不为。获得众人的信任，不断提升自己的信用度，对你不断拓展社交圈至关重要。无论你采用何种方式，笃诚、守信及勤劳都是最根本的成功秘诀。由此可见，信誉对于一个人的成长和发展起着至关重要的作用。

小芸又失业了，按说她也三十好几的人了，可心智依然不够成熟，爱说风就是雨，从不谨慎地考虑问题。在朋友们心目中，她已经成为“不靠谱”这个词的代言人了。她身边的朋友也吃够了她的苦。她烦恼的时候就找朋友聊天，半夜一个电话就打过去，或者直接拎几件衣服就去长住，从不考虑对方是否方便。她的想法经常改变，今天说想从事行政工作，明天又说想当策划，问题在于她总是在自己还没有想好该怎么做的时候，就打电话给朋友寻求帮助。

朋友推荐她去一个网站工作，安排她和经理见面时，她却说她正在外地参加招聘会，害得朋友只好找借口推掉了这次见面。

小芸和男朋友相处出现问题，一吵架就找朋友哭诉。朋友看小芸如此委屈，去找她男朋友为她理论。等小芸见到男朋友后却和好了，又劝朋友别找男朋友麻烦。朋友们和她在一起，谁也不知道她的真正想法是什么，大家难以从她的思维和行动中找到一以贯之的东西，通过长时间的相处，大家都渐渐疏远了小芸。

信赖的一个重要特征是一个人的思维和行动有可预测性。与一个善良又值得信赖的人相处，人们的心里笃定他不会无故伤害自己；与一个值得信赖的爱人相处，对方会觉得有所依靠。总之，值得信赖的人给他人一道心理底线，即使他的心理受了刺激，遭遇了意外，他的行为也总是不会跨过那道底线。值得信赖的人让人放心，让人安心。

要获得守信的形象并不容易。最要紧的一条是：别答应你无法兑现的事。古人云：“轻诺必寡信。”这不仅是一个主观上愿不愿意守信的问题，也是一个有无能力兑现的问题。一个人经常答应自己无力完成的事，当然会使别人一次又一次失望，从而让你彻底地失去了信誉。而失去了信誉的人，下场都很悲惨。

三国时期，诸葛亮有一次与司马懿交锋，双方僵持数天，司马懿就是死守阵地，不肯向蜀军发动进攻。诸葛亮为安全起见，派大将姜维、马岱把守险要关口，以防魏军突袭。这天，长史杨仪到帐中禀报诸葛亮说：“丞相上次规定士兵100天一换班，今已到期，不知是否……”诸葛亮说：“当然，依规定行事，交班。”众士兵听到消息后，立即收拾行李准备离开军营。

忽然，探子报告说魏军已杀到城下，杨仪说：“魏军来势凶猛，丞相是否把要换班的四万军兵留下，以退敌急用？”诸葛亮摆摆手说：“不可。我们行军打仗，以信为本，让那些换班的士兵离开营房吧。”众士兵闻言感动不已，纷纷大喊：“丞相如此爱护我们，我们无以报答丞相，决不离开丞相一步。”蜀兵人人振奋，群情激昂，奋勇杀敌，魏军一路溃散，败下阵来。诸葛亮向来恪守原则，换班的日期到来，即毫不犹豫地让士兵换班，就是司马懿来攻也不违反原则和承诺。

有信誉有口碑，说话才会有分量。所谓日久见人心，只有彼此信任，朋友关系才能长久地发展，以此建立起来的人际关系才能更稳固更高效，你的社交圈才能给予你更多、更大的助力。

为人处事要有分寸

为人处事要讲究灵活、巧妙，随机应变，因人因事而异，切不可不分场合、不顾对方性格、没有分寸地为所欲为，否则容易给自己在人际交往过程中酿下大祸，最终吃亏的是你，失败的是你，不得人心的还是你。

韩信是历史上帮助刘邦击败项羽的最大的功臣。他起初只是项羽军中的一个无名小卒，后来投奔刘邦，很长时间并未受到重用，由于萧何的鼎力推荐，才被刘邦拜为大将。韩信足智多谋，善于用兵，为汉朝的建立立下了汗马功劳，因此被封为王。

可随着权势越来越大，韩信也逐渐变得骄横跋扈，刘邦于是设计收了他的兵权。韩信的谋臣劝他远离朝廷，他反而越来越变本加厉。刘邦趁机抓他入狱，后来虽免了他死罪，但又把他由王降为侯。没过几年，韩信得罪了吕后并最终死于吕后和萧何之手。

这位曾经叱咤风云的人物正是因为自己办事不讲究分寸，太过专横跋扈、锋芒毕露，终于给自己招来了杀身大祸。想想他的才华与智慧，这样的下场，该是多么令人可惜啊！因此，跟不同的人打交道要讲究不同的方式、方法。

在生活中，有一些人就算你很客气地和他打招呼、寒暄，很热情地与他交谈，他有时也会表现得很冷漠，不在乎你，不理会你。在交谈时，他通常不会注意你在说什么。可他对于你的确非常重要，你必须要和他交往，并且还要友好地交往，才能博得进一步的发展。那么在这样的情况下就要讲究方法、策略了。你不能锋芒毕露，更不能硬碰硬，而是要花些时间去仔细研究观察一下他的一举一动、兴趣爱好，注意从他的言行中寻找出他真正关心的事情出来，然后“对症下药”，你就能得心应手地与之打交道。

开始时，你可以随便和他闲聊，只要能够使他多做出简单的回答或细微的反应，接下来就好办多了。你可以在他感兴趣的问题上，引导他充分地表达一下自己的意见，使他逐渐投入与你的交谈中，他可能就会打开话匣子，你的负担便会大大减轻，至于以后的事情那就不用多说了。

你必须始终注意把握的一点是，每个人都有他感兴趣或予以关心的事情，只要你稍加留意，然后有意触及，他便会滔滔不绝地和你交谈。因此你要好好地了解这类人的性格，成功地与他们交往。

可以看出，那些善于打造优质的社交资源的人会诚恳地把自己融入别人的生活，常常给予别人善意的理解，同时也使自己快乐和充实。而那些自私的人却无视这一点，只知道冷漠地拼命从别人那里索取自己需要的东西。其实，帮别人办事最能表现一个人宽广的胸怀和慷慨的气度。

娱乐圈中，林志玲的人缘不错，这不是因为她长得漂亮，而是因为她说话做事都很有分寸。

在电影《赤壁》中，林志玲饰演小乔，梁朝伟饰演周瑜。在这部电影做宣传时，记者问林志玲：“你介意梁朝伟比你矮吗？”这个问题很刁钻，场面有些尴尬。林志玲笑着回答记者：“在我心中，男人的风度远胜于高度。”一句简单的回答瞬间化解了尴尬，不仅没有让梁朝伟难堪，还顺便夸赞了他。

还有一次，在录制《花样姐姐》时，两名嘉宾因为林志玲会喜欢红色裙子还是白色裙子有了争执，他们还专门把两条裙子买回去，让林志玲自己选。夜幕降临，大家都好奇林志玲会选择哪条裙子，当看到从车上下来的林志玲时，大家不禁纷纷竖起大拇指——因为林志玲把两条裙子都穿在了身上。

林志玲的行为恰当又有分寸地化解了当时的尴尬。不仅没有损失他人颜面，还给足了别人颜面。这就是会做事，做事做到位的表现。

因此，为人处事一定要把握好分寸，掌握好要领，千万不能给别人带来不利的影响。我们经常说，锋芒毕露或者太过招摇都是缺乏分寸的表现；巧妙做事就是要做事圆融，既体现自己的能力和智慧，又给对方留下良好的印象。如此一来，双方之间的关系才得以长久的维持和发展。

掌握沟通技巧，学会“一语勾心”

前面我们已经说过，会说话对我们拓展社交资源能起到极为重要的作用。我们在这里再深入学习一下如何掌握沟通的技巧，让自己迅速打动别人，让别人迅速成为我们社交圈里的一员。

人人都会说话，然而并不是所有人都能把话说到别人的心窝里。假如你善于把话说到别人心窝里，那么你很容易就能在社交场合中脱颖而出、左右逢源、如鱼得水，你将更容易成就你的事业。

我们每天都在说话。可是你知道应该和什么人说什么话吗？你的说话对象很重要，因为他的角色是你社交圈中的一员。俗话说得好：“到什么山唱什么歌。”这句话的意思是，见到什么人就要说什么话，说话要看对象。不管你们的交情是深还是浅，首先要做到谦和有礼，要冷静，要微笑，投其所好地说一些对方会感兴趣的话。再者要学会察言观色，不能只顾自己高兴，让对方为难，否则对方对你的印象就会大打折扣。

有一个成语是“对牛弹琴”，讽刺的就是“说话不看对象”的人。琴弹得再好，对牛来说也没有任何意义。说话也一样，不看人说话，你的所有言辞毫无价值，甚至适得其反。说话一定要顾及听你说话的人，要了解对方的身份、年龄、职业、爱好、文化修养等诸多方面的情况，只有这样，我们所说的话才有意义，才能达到预期的目的。

这就需要我们时时处处做个有心人。在听别人说话时，细细品味人家说话的艺术，在看书时要注意欣赏书中人物的语言。这里需要补充的是，还要涉猎一些说话的艺术方面的书籍，不断地积累经验和知识，学会看人说话。

与陌生人见面，不要急于说什么，而要先倾听对方的话语。如果对方彬彬有礼，你也应该文雅、和气、谦逊；如果对方说话很直，不会拐弯抹角，你也应该坦诚、实在，想到什么说什么；如果对方情绪低落，不爱说也不想听，你就应该少说几句或者干脆不说。总之，要在了解对方的基础上，说出合适的话，有礼貌的话。

说话要分场合、要有分寸，最关键的是要得体。不卑不亢的说话态度、优雅的肢体语言、活泼俏皮的幽默，这些都属于语言的艺术。当然，拥有自信更为重要，懂得语言艺术，恰恰能够帮助你更加自信。娴熟地使用这些语言艺术，你的人生会更成功。

在日常生活中，经常会发生这样的情况——你感觉和某人交谈很没意思，你想要谈论的话题瞬间变得索然无味。最典型的就是，当文艺女遇到理工男，一个表达普罗旺斯的薰衣草有多浪漫，一个告诉你机床上某个零部件如何改进可以提高其职能化程度。驴唇不对马嘴，对不对？职场里也是，当你与同事闲聊，提出了单位里某个同事的缺点，对方虽未必会反驳你，但实际上他心里会做出这样的反应。首先，他会想：你怎么老爱让自己看起来那么了不起？总是在背后说别人的坏话，来提高自己的形象。其次，他会觉得你缺乏体贴他的心胸。任何人皆有优、缺点，与其揭人之短，为什么不提出对方的优点，给予适当的肯定呢？最后，他会对你产生不信任感，谁知自己在什么时候也被你批评过一番呢？

在人际交往中，想给对方留一个好印象，首先不能带着先入为主的偏见去评断别人。认真地聆听别人说话，不去打断对方的发言，让对方把话说完，你就会借由对方谈话的信息，来对这个人进行一个综合的分析判断，从而帮助你更有效地维护和发展这层关系。其次，偏听则暗，兼听则明。一件事情一个话题，不同的人有不同的见解，不要着急下结论，用弹性的态度和每个人相处，你会得到很多好处的。

那么，究竟怎样才能说好话，把话说进别人的心窝里呢？这里给大家提供几条简单的技巧：

1.说话快慢是看破深层心理的关键

假如有个男人平时每天下班准时到家，而这一天他下班后并没有回家，却留在办公室里与同事打扑克，回到家的时候，他就立刻跟老婆说他加班了，并且还会说一些现在为什么有这么多的活儿干不完等等之类的话。他说话的速度也会比平常要快的很多，因为只有这样，他才能够解除内心潜在的不安。

“水深则流缓，语迟则人贵。”通俗地讲，就是话到嘴边留三分。说什么，怎么说，想好以后再开口。千万不能图自己一时痛快，口无遮拦地说一通，对听者来说味同嚼蜡。只有发掘一个众人都感兴趣的话题，才能活跃气氛，引起共鸣。发现朋友的喜好，对以后的相处能起到推波助澜的作用。

2.从音调的抑扬顿挫中看破对方心理

在两个人建议相左的时候，一个人提高说话的音调，就说明他很想把对方击败。面对那种心怀企图的人，他说话的时候就肯定会有意地运用抑扬顿挫的语调，吸引别人注意力，自我显示欲隐隐约约地表现出来了。

3.由聆听方式看破对方心理

如果一个人很仔细地听别人说话，他大概会正襟危坐，双眼也一直看着对方。如果他的视线散乱，他的身体在倾斜或者乱动，说明他心情烦闷、烦躁。有一些人认真倾听对方的每句话，等到说话者快要把话说完的时候，也会透露自己的心声。

4.以深坐与浅坐的坐姿来识破对方的心理

对于人类而言，立姿是最适当活动的一般状态，所以，人们在坐下的时候会以马上可以站起来的姿势为前提。很多人会在椅子上浅坐，也有一些人因为紧张，只敢在椅子上浅坐，往往处于将要采取行动的紧急状态。

总而言之，掌握沟通的技巧对于经营社交资源非常重要。俗话说：“一句话说得让人笑，一句话说得让人跳。”学会把话说到对方的心窝里时，往往就能收到事半功倍的效果。

Chapter 8

社交时时保鲜，处事游刃有余

社交如种树，常维护，多经营

一个人的一生中最大的成就，不是他赚了多少钱、有多少存款、买了多大的房子和多么豪华的汽车，而是为社会做了多少事情，在某个行业或者领域做出了多少贡献，帮助了多少朋友，拥有多少优质的社交资源，因为这些，才是个人价值的体现。

有的人说：“我的社交资源也不少啊，可为什么我的生活、我的事业并没有因此而改变？”有的人说：“我的社交资源虽然不多，但都能帮得了我。”这两类人比较之下，我们就能发现，认识的人多可以表明你的社交资源很丰富，但不能表明你的社交资源的质量很高。这就需要你及时梳理和筛选你认识的人，从中挑选出对你发展有利的人，进而和他们建立更好的人际关系，使之未来能帮助你、推进你的事业迅速发展。

在生活中，大家容易陷入的一个误区是，最初建立人际关系的时候，你颇费苦心，可当这样的关系建立起来后，双方之间的感情却慢慢地变淡了，变得疏远了，有些人甚至成了你人生路上的过客，彻底消失了。某一天，当你忽然有件事情需要某个人帮助时，这才发现，对方已经不在你的社交圈里了。

社交圈是需要维护的，就像一粒果树的种子，从你播种下去的那一刻起，就需要花费时间和精力去维护它。朋友之间也一样，需要不定时地一起吃吃饭、聊聊天，逢年过节送个礼物走动走动，即使忙得没时间见面，也要经常打电话问候问候对方，这些都是维护人际关系的有效途径和方式。没有落地生根的社交资源是空泛的，毫无任何意义的人际关系对你的生活和事业起不到丝毫作用，而社交资源的开花结果则依赖于良好的人际关系作基础。

如何梳理和维护你的社交资源呢？怎么判断对方是真心待你的朋友，还是仅仅只是一个普通的朋友？这需要你回答自己以下这几个问题——

我理想中的生活是什么样的？我的职业目标是什么？我打算在什么行业、什么类型的企业工作并有所作为？我有创业的打算吗？准备在哪个行业创业？我给自己的职业生涯规划了多少年？分几个阶段？每个阶段是几年？

在认真回答这几个问题之后，我想你对自己的生活和事业已经有了基本的目标和规划了。接下来，你同样还需要继续回答下面的问题——

我对自己的生活和工作现状满意吗？如果满意，那么这一切是由谁来实现的，是谁给了我有力的支持和帮助？今后的发展还需要什么样的帮助？如果不顺利，是因为什么原因不顺利，是我的能力不够，还是我缺少有力的社交资源？为什么没有人来帮助我？为什么他们没有帮助我？结合我的生活和事业目标，我还需要哪类人的帮助，我怎么样才能收获这些社交资源并和他们建立起良好的人际关系……

在回答完上述这些问题后，接下来你需要在你认识的人当中找出那些你需要的朋友，然后将他们进行分类整理。这样你的社交资源就得到了合理有效的利用。如果你们的关系只是停留在吃顿饭、唱个歌、跳个舞，一起聊天侃大山，这样的社交资源是苍白无力的，或者说是形同虚设的，这也就违背了你建立社交资源的初衷和意义。

只有想清楚这些问题和你的目标，你才会有意识地去建立人际关系，并在其中处于枢纽作用，调度和运用好这些资源，让他们为你的未来服务。

拥有丰富的社交资源，并能够熟练地处理这些资源，你就已经在成功的路上走了一多半，因为无论你做什么事情，都会有人来帮助你，而你帮助到的人也会在不经意的时候给你提供有力的帮助，让你的事业和人生的发展如虎添翼。因为合理有力的社交资源是你终身受用的无形资产和潜在财富！

下面我们所要做的就是将你认识的人进行重新筛选和归类。根据其形成的过程，我们把社交资源分为以下几类：

亲戚：和你有着或近或远的血缘关系、具备优质社交资源的人。特别注意，不是所有亲戚都可以成为你的社交资源，首先是他有过人之处，这样的人才会有机会帮助你、提升你。否则，你和他之间仅仅只是亲戚，并无其他。

老乡：因为在一个地方生活，对这个地方产生共同的情感而结识的人际关系，往往比纯粹的合作关系形成的人际关系更要成熟和优质，所以，老乡是你一定不能错过的社交资源之一。

同学：小学、中学、大学以及工作中参加培训和进修结识的人，往往都蕴藏着十分丰富的社交资源。

同事、上司：无论你在这个单位工作多久，因为共同做过一件事，为一个目标而共同努力过，这样的相处经历能形成良好的人际关系。

客户：因工作中与各类客户打交道而形成的人际关系。因为合作关系而共同促进，是很容易成为优秀社交资源的，能合作意味着互相认可，这是非常重要的基础。

社交还有一个重要的作用，就是它是延续的。对此，大家都有深刻的体会，在不同的公司你可以收获不同的朋友，有时候已经离开公司很多年，但你们之间依然保持着良好的人际关系，甚至在你人生的不同阶段，只要你遇到困难，他们总会在第一时间鼎力相助。另外，在梳理你认识的人的时候，还要注意一个问题，就是千万不要有人际关系“近视症”，只看着眼前，而忽略了以后。

最后，要注意社交的深度、广度和关联度。社交的深度即人际关系纵向延伸的情况，达到了什么级别；社交的广度即人际关系横向延伸的情况、范围（区域与行业）；社交的关联度是指人际关系与个人所从事行业的相关性和社交资源直接的相关性。总之，社交资源既要有广度和深度，又要有关联度，在利用朋友的朋友去拓展你的社交资源时，一定要注意关注社交圈的成长性和延伸空间。

互帮互惠的人际关系才能长久

人往往容易“当局者迷，旁观者清”。有的人可以准确无误地说出朋友的兴趣爱好，却记不住自己朋友的电话号码。有的人会对别人一丁点儿的毛病吹毛求疵，却对自己的缺陷视而不见。如果这些只是生活中的琐碎小事倒也无关痛痒，但要是在拓展和经营社交圈的过程中经常犯这些错误，那么将会使你逐渐流失你的社交资源，时间一久，你就会损失惨重。

首先，问一下自己，当你遇到重大困难的时候，你是不是会手忙脚乱，不知道该去找谁帮忙，或者是忽然想到一个人却不知道他叫什么，他的联系方式是什么，那些本来可以成为你的贵人的人，他们的基本信息居然都被你弄丢了。这些看似不起眼的错误其实会使你错过很多机会，给你自己造成很多不必要的损失。

要想解决这些问题，请先给自己列一张社交资源表，这绝对不是一份简单的通讯录，而是详细地注明了你和联系人的关系，你们什么时候认识的，他的QQ号、MSN，邮箱以及家庭住址等等详细的信息，如果可以的话，你还可以附加说明他的一些特殊小爱好、习惯，总之内容越详尽越好。这样一来，下次你们遇见的时候，你就可以准确地点一杯他喜欢的咖啡，或者讲一个他爱听的笑话……这些无疑都会在最短的时间内加强你与对方的亲密度，也为双方以后的交往做好铺垫，打好基础。

其次，如实地对照自己的生活，是否在近两三年内，你只和几个固定的人交往，而没有新结识的朋友？如果是的话，就不难解释为什么你这几年一直原地踏步，甚至不如从前了。这个固定的狭小圈子限制了你的视野，使你的社交资源变得有限而匮乏。当一个人处于这种人际交往状态时，就可以断定，他事实上没有办法取得生活或者事业上的更大突破。所以，你必须要不断地去认识人，这样才能突破社交困局，让你的社交资源得到补充和扩大。

很多人在运用自己的社交资源时总是盲目的，他们不去清醒、理智地梳理社交资源的重要性，全然凭借主观情绪和臆断行事，结果给自己制造了困局，限制了自己的发展。这些困局说起来你可能都不以为然，因为那是你再自然不过的状态，比如太亲近，比如公私不分等等，这些你可能丝毫没有察觉，但是在朋友那里却很可能已经引起了不小的波澜，其很可能会使你们的关系变差。

在生活中有时会有一些奇怪的现象发生，比如，越是熟悉的人越不讲理，越是疏远的人越客气。你要是问他为什么会这样，他往往会不以为然地甩回你一句：“因为我们熟呗。”

人与人之间都有一个距离，不能太近，也不能太远。如果这个度没有掌握好，就很可能会出现人际交往的瓶颈。

小拜和蓉蓉不是姐妹却胜似姐妹，她们是大学同班同学，毕业后又进到同一家公司的同一个部门。几年来，她们一起上下班，一起逛街吃饭，一起相亲，用同事们的话说，就是比双胞胎还要亲。可就是这样形影不离的两个人最近却闹掰了。

小拜严谨随和，蓉蓉大大咧咧，随着两人关系越来越亲密，蓉蓉越来越没有分寸。在蓉蓉看来，因为她的生日比小拜大一天，理所当然就是姐姐，她借姐姐的身份，跟小拜借钱，穿她的衣服，用她的生活用品，蹭她的饭局……这一切在蓉蓉眼里没感觉有什么不妥。

可在小拜眼里问题就大了，其他小事倒也没什么，就是借钱不还这一点，她越来越不能容忍。当小拜生气地跟她说这件事的时候，蓉蓉却没好气地说："就因为是你我才这样，换了别人我还不乐意呢。"小拜被她气得不得了。最后，小拜搬离了她们租住的房子，两个人再也没有往来。

还有一种行为也很容易让人陷入人际交往的困局，那就是爱管闲事。有些人总是非常热心，喜欢将别人的事当成自己的事来处理，也许是出于好心，但因为方法不当，所以给大家留下了一个坏印象。周围的人和这样的人相处时，会变得格外小心翼翼，因为他们不想让一丁点儿的小事在其那里被大做文章。时间久了，大家往往会对这样的人敬而远之。

还有的人喜欢逞能或者过于柔弱、太过自命清高或者羞于表达，这是两个极端。在人际交往中，无论双方处于一种什么样的关系和地位，首先都要在平等的基础上，互相尊重、亲疏有度、公私分明、不卑不亢，这才是最健康的人际交往的状态，这样就能给大家都留有一定的余地和空间，于是大家的相处也就显得自然而自在了。

其实仔细分析不难发现，这些人际交往的困局都是由于一个人自身的性格和心理缺陷造成的。因为这些不良的行为导致其陷入了人际交往困局当中，就像有一些人总有这样那样的小毛病，如爱贪小便宜，只想索取不想付出，自私自利，所以最终就被大家敬而远之了。

习近平主席在韩国首尔大学演讲时说："以利相交，利尽则散；以势相交，势去则倾；唯以心相交，方成其久远。"一个人在人际交往之初如果是抱着利益的目的去交朋友，或者用利益的标杆去衡量自己身边的每一个人，最后只会让自己浑身都充满了铜臭，变成一个社交圈里的商人，这样的人际关系维持不了太长时间。在短暂的人际交往后，当大家都知道这类人是什么样的人后，就会对其有防范之心。然后，这种人的社交资源就会慢慢地流失掉。

总之，当你了解清楚上述的这些问题后，就应该看看自己有没有那些缺点、不足。如果有就请及时地改正过来，这样才能保证自己的社交资源充满活力且长期保鲜。

必懂的学问：如何维护你的人情

曾有调查显示，80%以上的人越来越重视人情投资。这些人认为这是拓宽社交、增强社交力量的有效手段。于是，“请客吃饭、相邀游玩”成了常用的人情投资的手段。与此同时，也有16%的人从内心否认这件事，认为朋友之间交往不必太计较。虽然，大家都知道人情投资的重要性，可怎么做才能恰到好处，很多人甚是困惑，尤其是还处于社交资源积累阶段的年轻人。

《红楼梦》里说：“世事洞明皆学问，人情练达即文章。”人情，是当代生活中必不可缺少的元素之一。研究幸福学的心理学家甚至认为，人情是感情的一种，是人们愿意无偿为他人付出帮助的思想。

对于要怎么去维护生活中的人情，我们不妨坦然地去看待它。首先，要承认它的存在，把它看成是维系人际关系的一种正常形式。其次，维护人情不要过度物化它。有些人认为人情是需要通过钱财来维持的，一顿饭、一份厚礼、一个红包等等都是维护人情的手段。这样的想法是错的，朋友之间礼尚往来是正常的。但是别人帮你不一定是为了得到钱财，而是对你表达朋友之间的真诚，过度的钱财回报方式会令对方感到不被尊重。这时的你，不如请他喝一杯饮料，口头上对他表达感激之情。下次朋友遇到困难，第一时间帮他解决问题。这样维护人情的方式远远比钱财更可靠，更能获得朋友的信任。

我们都知道真正的人际关系是互助的、双赢的，你中有他，他中有你，人们细小琐碎的人情交织在一个圈内，如同账户一般，只有不断地储蓄才能不断地取出。否则，时日已久，你想透支恐怕都没有那个机会了。

张硕是广告设计师，才气和能力非常了得，任红霞则是一家外企的高管。虽然两人职业不同，却是MBA班的同班同学，私底下两人关系不错，经常一起探讨问题。

有一次任红霞举办的商会年度会议临时出现问题，一位演讲嘉宾因为天气原因航班取消，不能按时赶到。任红霞给张硕打电话求救，张硕考虑了一下，愿意去帮朋友。到了现场，由于张硕因为准备时间不够而颇感压力，任红霞一边安慰她，一边把平时演讲的经验告诉了张硕。渐渐地，张硕没那么紧张了，出色地完成了演讲任务。

没过多久，张硕的公司需要拓展新业务，任红霞得知这个情况后，主动将张硕介绍给一些企业负责人。因为任红霞的引荐，部分企业负责人当下表示非常愿意和张硕合作。

俗话说得好，“种瓜得瓜，种豆得豆。”当你帮助他人的时候，你就是在往他人的人情账户中存储情义和强化彼此的关系。你遇到困难时，我帮助你；我有困难时，你帮助我，通过这种互助关系就能建立起一种人情。这种做法其实是双赢。

不要错过每一个帮助他人的机会

在盘点你的社交资源时，你可以冷静地问自己：今天有和别人发生矛盾吗？如果有，是因为什么？再思考今天有帮助别人吗？和别人的关系是不是更加和睦友好了？如果没有的话，是不是要主动去帮助别人。所以，在人际交往中，一定要抓住每一个能帮助他人的机会，全心全意全力地去帮助别人，尤其是在帮助未来很可能会成为你的贵人的人。

假如一个人尚处于专业实力的稚嫩水平，还不具备给人以帮助的能力的时候，刻意地追求“人情投资”，最后只能适得其反。因为一个人的综合实力往往也是他进入相应圈子的“入场券”，虽然没有人来考证你的准入资格，但是你得具备一定的能力和价值，这样你想进入的圈子才会接纳你、认同你。当你具备一定的能力时，当你能给别人带去实际的帮助时，你也就获得了别人对你的认可，以及下一次你遇到困难的时候，别人帮助你的机会。

在这个商品经济的时代，越来越多的人表现出了自私自利的人性弱点，一切都以自己为重，丝毫不去考虑别人的感受，结果当自己陷入困境时，才发现自己变得孤掌难鸣。俗话说：“三十年河东，三十年河西。”世事无常，谁都不知道将来会需要谁的帮助，与人方便，与己方便，何乐而不为？

如今开着美容店的苏晓婷说起自己的奋斗史时，她怎么也忘不了去美容学校报名的那一天。当她来到学校报名的时候，因为少了一百元而站在门外无可奈何。就在她一筹莫展之际，一个老板模样的男人走过来，问清情况后，他拿出二百元给了苏晓婷，让她赶紧去交学费。当苏晓婷后来打算还钱的时候，却再也找不到那个恩人了。

几年后，苏晓婷回到杭州找工作的时候，恰好遇到了当初的恩人。对方因为生意不善正面临破产，苏晓婷提出了运用自己刚学到的时尚美容方法来赚钱的想法，对方一听马上点头同意，打算开家美容院。苏晓婷不仅为自己找到了工作，也给老板的生意带来了转机。

几年后，老板开了分店，由苏晓婷亲自打理，她从一个打工妹摇身一变成了美容院的老板。追溯起根源，不过是那两百元钱。尽管这件事有它的偶然性，但从另一个角度也说明了，帮助别人有时其实就是帮助自己，通过一件事情表面是帮助别人渡过了难关，实际上也是为自己收获了一份社交资源，赢得了一份信任和未来发展的空间。

美国著名作家阿尔伯特·哈伯德说过："聪明人都明白这样一个道理，帮助自己的唯一方法就是去帮助别人。"很多人在建立和扩大社交圈的时候，都会有无从下手的感觉。事实上，只要你能在别人需要帮助的时候，主动伸出你热情的手，你的社交圈就会越来越大，能给你提供帮助的人就会越来越多，一定会出现足以使你改变命运的贵人。

要想拓展和提升自己的社交资源，你必须要热心，你要做到乐意和别人分享：分享知识，你的专业知识有时能帮助很多人；分享资源，包括物质和朋友关系；分享爱心，实在帮不上忙，就表示一下你对对方真诚的关心，这样别人也会铭记于心。

经营社交圈，不仅仅是互相帮助，更重要的是彼此提升。社交资源都由朋友组成，有的朋友一辈子也许都没有帮你做过一件具体的事，但她的存在却让你感受到了温暖。当你记得别人时，别人也会记得你。

在朋友有困难的时候，尤其是贵人有困难的时候，该出手时就出手，千万不要犹豫。答应了对方的事情就一定要尽心尽力地去做，不能应付了事，更不能虎头蛇尾。

一个人要想被人喜欢，不一定非要做大事来感动他人，一个小小的表情、动作也能深得人心。因为人世间任何伟大的事业都是由很多小事组成的，一件微不足道的小事或许就可以完全改变某个人的一生。而从生活中的点点滴滴，都可以表现出一个人的真心。真诚地去帮助别人，不能只做口头功夫，更要落在实处。当你把爱的露珠洒向他人时，你平凡的人生就会因此而变得充实且有意义，你的内心也会充满了温馨和快乐，在以后的人生道路上，不管你遇到了怎样的苦难和危险，都必定会有一个你曾经帮助过的人前来帮助你，让你逢凶化吉。

我们不难发现，所有有成就的人，其社交都很广。而这棵社交的大树需要用真诚和热情去灌溉。一个人活在这个世上，不能总想着自己，也要多想想别人。要想他人之所想，急他人之所急，以开朗豁达的心境、热情友好的态度，去尊重他人，理解他人，关爱他人，帮助他人。懂得在大处小处都愿意帮助他人的人，必定会朋友遍天下，社交极其发达，社交资源极其丰富。

不断提供价值，才会收获回报

你有没有碰到过这样的经历？在参加一场会议时，会议室里聚集了社会上的各界人士。会议散场后，有人拿着自己的名片到处派发。这些人走到你跟前寒暄几句，朝你手上塞一张名片，然后继续走向下一个人重复刚才的行为。等回家时，你发现手上莫名多出了几张名片，都是无关于工作的信息，对方仅仅和你只说过几句话，你的脑海里没有留下对方的印象。

这样认识的人，算是你的社交资源吗？当然不算，因为对你来说根本就用不上。那些发名片的人大抵都是抱着碰运气的心态发名片的，认为发出去后总有会联系的，并希望能有一些大人物跟他联系，主动送生意上门。对于接名片的人来说，在这样一种不礼貌的行为中，其实早已打消了结识你的需求。他们最多只会跟你微微一笑、礼貌性地接过名片，但一般都不会有下文了。

我曾经站在登记处仔细研究所有参会人的资料和背景，发现来往密切的更多的是同行的人、同水平的人。交流在同水平的人中会更加顺畅，有利于彼此的共同成长。所以，在经营社交圈中，打造自身的价值才是最重要的！

只有优秀的人才会有优质的社交！换句话说，只有自己形成了独特的价值，才能在人际交往中如鱼得水、游刃有余。华为创始人任正非有句话说得好："人若无名，专心练剑。"《胡雪岩》一书中也说："自己都是个半吊子，哪里来的朋友？"

你在不断地提升自身价值的同时，还要注意提升社交资源的质量。因此一个人要想增强自己社交资源的价值，就要不断地向别人传递自己的价值。付出终有回报。帮助别人这种事，用现在很流行的词来说，就是"攒人品"。每帮助别人一次，你的人品值就增加一个，与人的联系增多一次，你们的人际关系就更加稳固。所以这个人品值，我们就可以看成是人际关系的量化！

两个人手里各有一枚硬币，两个人交换之后，每个人的手里还是只有一枚硬币。可一个人向对方介绍一个朋友，那么交换之后，两个人就会拥有更多的朋友，在这个过程中，其实也扩大了自己的社交圈，传递了更多的价值。这其实也正是前面我们说过的"六度分隔"的本质所在，它的实质是信息和价值的传递，而不是帮助你展示自己的名片。如果你在这个时代拥有了发达的信息，你就拥有无限发展的可能性。信息来自哪里呢？来自我们的社交圈和对于社交圈的经营能力。我们的社交圈有多广，信息就有多么丰富。

某个大型企业的负责人刘克明曾说过，一个人思考的时代已经过去。现在决定一个人成败的关键，在于你是否建立起了品质优良的社交圈，来为你提供信息、传递信息和增强价值。在这个过程中，你能够发现自己的贵人，让他来成为你飞翔的翅膀。如果你的身边有一位贵人是成功者，他将是你人生无限宝贵的资源，他不但可以帮助你打开机遇的天窗，大大缩短你摸索和磨砺的时间，提升你办事的速度，还可以使你少走许多弯路，从而在有效的时间里去做更多的事情。

刘克明在创业之初，苦苦打拼了六年之久却毫无进展，他自己也不清楚是哪里出了问题，直到在一次产品交流会上他认识生命中的贵人薛灿，此人是某集团的副董事长。在之后的交往中，薛灿给了刘克明很多帮助，例如，纠正了他很多经营方面的错误理念。在醍醐灌顶之余，薛灿又给刘克明介绍了很多客户，帮助他在短短的两年时间内扭转局面，企业迅速发展壮大。如果没有薛灿，或许刘克明的公司现在还在原地踏步，甚至每况愈下。刘克明后来每个周六举办沙龙，邀请很多商界人士来参加。在这个过程中，大家能够迅速捕捉到自己需要的信息，也会传递出对别人有用的信息。总之，在这其中的每个人都受益匪浅。

现在你是否发现，很多文艺作品都在强调和夸大“个人英雄主义”，展现一个人奋斗的辉煌成果。实际上，这样的奋斗不过是一个神话，它虚假的光环欺骗和蒙蔽了很多最初创业的人和社交资源积累还不够丰富的人。成功的本质不是个人英雄主义，而是团队的协作。无论是谁，这个世界上没有任何一个人是完全依靠自己的能力成功的，如果你觉得依靠诚意和才华就可以取得瞩目的成就，那就大错特错了。

举个例子，假如你现在是一个刚刚开始创业的创业者，要想成功你就势必需要一个和谐团结、技术精湛的团队来帮助你，还需要有贵人提携你。那么这些贵人来自何处？帮助你抢占市场先机、迅速增强实力的信息来自何处？来自你的社交圈。你依靠对朋友的了解，通过人际关系，选择对你有帮助的朋友。在他们的帮助下，你就能一步一步脱离困境。假如你的社交圈太小，你获得帮助的概率也缩小了。一个良好的社交圈，你从中获取的信息和资源是无限的，在你最困难之时，社交资源的价值和影响力才能得以体现。

总之，社交圈就犹如一张网，你只有在这张网中不断地传递和扩大你的价值信息，最终提升自己人生的高度，才能经营好社交资源。

适当付出并非毫无保留

尽管有时候我们不愿意承认，我们和朋友的交往有着什么目的，但不得不说，人们之间的来往其实存在着“价值交换”。我们在心理上都期待着在未来某个时候对方可以帮我们或带给我们价值。这一点无可厚非，因为在这个时代，只依靠个人的力量已经很难解决很多问题，必须依靠团队的力量，才能解决问题。因此，我们在提升自己的同时，还必须拓展自己的社交资源，才能在出了问题的时候，有解决问题的力量。

社交资源对于一个人的发展是非常重要的，所以，想要未来有着良好发展的你，就必须给自己打造优质的社交资源。优质的社交资源在于你的发现和培养，只有通过双方互相提供帮助和价值，你的社交资源才能逐渐建立并巩固下来。

当然，这并不是说，需要你无偿地去帮助别人，向别人提供价值，而是要有选择的、有目的地去寻找你真正需要的社交资源，并在此基础上，互相交换信息、交换价值。

在日常生活中，你有没有感到你的朋友总是企图从你那里获得某些东西？有没有感到过总是有人向你求助或者别人不情愿为你提供你所需要的帮助？有没有人在你提供过某种帮助后，真心向你表示过感激之情，或者是觉得自己有责任予以回报？一定是有的。也许有人会说，朋友就是需要互相关心、互相帮助的，只有这样才能产生感情上的信任和依赖。这当然是最理想的状态了，而生活中往往这样的友谊和交往并不平等，因此，在你建立社交圈和发展社交资源之前，必须树立价值交换的信念。

要知道，想要获得高质量社交，你就需要经营你的社交圈。

在人际交往中必须注意方法和技巧，但真诚和热情最为重要。一个真诚、热情的朋友，在交往中我们不用猜忌对方的目的性，只需要轻松简单地和对方相处，不计较得失。很多人交友带着明确的目的性，相处过程中计较得失，无时无刻不在计算着如何在相处过程中获取最大的利益。他们认为不值得的交往就是吃亏，没有价值的人际交往则没有必要维持下去。这是一种错误的价值观。与这样的人相处，或融入这样的社交圈，都是不恰当的。人们的一切交往行动及一切人际关系的建立与维持，都是依据正确的价值尺度来衡量的。

人生中得一知己是不容易的，人人都知道人生中有几位值得信赖的朋友是多么可贵。与你信赖的朋友相处时要互帮互助，例如今天你帮助我，明天我帮助你。在朋友最困难的时候，你第一个伸出援手，获得朋友的信任，以后你有难，朋友也会立即出手帮助你，这样的人际关系才能长久维持和发展下去。如果对方有难，你却从中计较得失，当对方发现之后，很可能就会中断你们的联系。

不要让自己总是无条件、无限制地付出，也不要让别人为你无条件、无限制地付出。很多时候，一方的过多付出，对于另一方来说是一笔无法偿还的债，会给其带来巨大的心理压力，使其觉得很累，导致其心理天平失衡。另外，免费地提供你的价值会让对方觉得你是一个不需要帮助的人，这样时间一长会使对方形成理所当然的心理，认为有困难了你就应该帮助，有问题了你就应该解决，这样其实对于你的社交圈的建设是非常不利的。

唐菲是某公司的中层管理人员，这个位置是她经过几年努力才得来的，实属不易。在认真工作的同时，她一边竭尽所能地去帮助周围的人，一边为自己创造着更好的发展机会，期待自己能更上一层楼。不得不说，唐菲的人缘很好，有很多朋友，可仔细观察后她才发现，她的朋友大都很依赖她。今天，小A打电话让她教学车，她周末腾出时间去认真教小A。明天，小B办事请她帮忙时，她也全力帮小B把事办成。后天，小C在工作上遇到了难题，她便竭尽所能地替小C扫平了一切障碍……

在唐菲不求回报地为大家做这些事情的时候，有些人觉得唐菲脑子有问题。实际上，唐菲赢得了大家的信赖和感激。就像一位朋友说的那样："每次在我遇到困难的时候，我第一个想到的人就是唐菲。我非常信赖唐菲，唐菲有难的话，我也会第一个出现去帮助她。"

唐菲这样的付出值得吗？当然值得，唐菲是非常乐于助人的，她心里也很信赖她的朋友，她热情积极，传递给朋友一种阳光的信息，致使她获得了朋友们对她的信任。须知只有带着真诚和热情去交友，你才会获得高质量的社交。

牢记：见新不忘旧，社交才愈加完美

要想成功，需要及早打造、拓展和维护好一个成功的社交圈。懂得经营社交，无论对于工作还是生活，都非常有好处。例如，你能够创造一个良好的人际氛围，你就能精力充沛、心情愉快地投入工作中去。当然，人与人间的关系，都是在不断地动态发展着的。两个人相处，不是变得越来越信任彼此，便是越来越彼此猜疑，又或者是变得越来越疏远。要想让彼此间的友谊一直良性地发展下去，就必须经常地适当互动。关系一旦静止，彼此的感情就容易疏远了。社交资源的管理也是如此，关键在于互动。

拥有庞大的社交资源，需要一个日积月累的漫长过程。在这个过程中，大家之间的交往过程其实也是一个长期互相磨合的过程，有时甚至会有冲撞与误会，但因此有了了解与认同，才会成为彼此的人脉。

吴榥华是上海香港商会理事兼公共事务副会长、香港体育会会长、上海市公共关系协会副会长、上海利苑金阁餐饮有限公司董事、上海威顺康乐体育咨询有限公司董事长及总经理等。拥有如此多身份的他曾经直言自己有“两三千个朋友”，他住院时曾有上百人前来探望，生日聚会有三四百名朋友前来参加，他的个人财富早已超过千万元。

为了随时认识更多的朋友，吴榹华随身都带着自己的名片。他曾说："哪天要是出去没有带名片，我会浑身不自在。就像自己没有带钱出去一样。"吴榹华有两三千个朋友，每年都会见面3~4次的有近1500个，而经常见面和联系的，有三四百人之多。也就是说，按照1年365天计算，吴榹华每天至少要见朋友12~17人次。这么多的朋友，他是怎么维持好关系的，又是怎么不断拓展的呢？

利用在同一个商厦办公的便利，吴榹华逐渐认识了他来上海的第一批朋友。这些朋友中，有做各种各样的生意的，在这些香港朋友的介绍下，他加入了上海香港商会。后来香港商会的一位副会长的朋友由于工作调离上海，推荐吴榹华做了香港商会的副会长。

利用香港商会这个平台，吴榹华又认识了一大批在上海工作的香港成功人士。之后不久，吴榹华辞去了珠宝公司的职务，一家美资烟草公司请他担任上海的首席代表。当时吴榹华手下只有两个人，推广、调研、制定策略，他都亲自参与，把一小块市场拓展到江苏、浙江等地区。直到有一天，他接到公司派驻他到其他地区的通知。他才猛然发现，他已经离不开上海了。

2004年时，有一个朋友告诉吴榹华，有一家餐厅位置很好，位于襄阳路和淮海路的东湖路上，但是由于经营问题，生意一直不是很好。这个朋友知道吴榹华人缘好，认识的人很多，就把吴榹华介绍给了他的朋友——这家餐馆的老板。

这家餐馆的老板在这个朋友的推荐下，聘请吴榹华负责餐馆的全权管理，作为回报，吴榹华可以从营业额中提成。在吴榹华接手餐馆一个月后，餐馆的营业额就成倍增长。当月仅吴榹华朋友的营业额就达到了20多万元。原来，吴榹华接受了管理餐馆这件事后，便把自己的印有这家餐厅职位的名片和一些餐馆的打折卡、贵宾卡、免费的点心券等邮寄给了自己"名片库"里的那些朋友。

他还打电话给一些朋友，告诉他们自己现在的工作。这些朋友都纷纷过来捧场，有来同学聚会的，有来员工聚餐的……而且吴樾华还通过一些媒体的朋友的帮助做了一些广告，收效也很好。

在互惠互利的过程中，他不断收获新朋友，但也不忘联系老朋友。他的秘籍是感情攻势。在每年春节期间，吴樾华都会把所有的名片找出来，一个一个地打电话过去，问候一下，问问工作地址什么的有没有变动啊等等，然后都要亲手写一张贺卡寄过去给他。因此，每年春节是他最忙的时候，他要亲手写两千多张贺卡。

吴樾华有个习惯，每次和别人交换名片后，他都会在名片上写上见面的日期、地点和事由。这样一来，不管什么时候和对方联系，他都会在第一时间在对方的脑海里留下深刻的印象。

的确如此，只要你愿意做一个“有心人”，就能做到像歌里唱的那样：“结识新朋友，不忘老朋友，愿我们永远都是好朋友。”总之，在维持和发展社交资源的时候，请你一定记住做好下面这几条，那将是助你成功的一些捷径。

1.塑造好人缘的公众形象

人缘，其实就是人际关系。你是否有个好人缘，直接影响到你的工作、学习、生活顺畅与否，更关系到办事能不能顺利地达到目的。

要想人缘好，就要靠近“好人缘”。在选择朋友，打造社交圈时，最好能选择好人缘的人，而且能与这种人关系越密切越好。人缘好的人，他的朋友肯定不少，如果与他成为关系密切的朋友，那么能增加加入他的圈子的概率，提升你的影响力，这将有利于迅速扩大你的社交圈。

2.填写记录卡片，建立社交档案

经常记录在各种各样的活动中结交的人，不要只写下名字，或者把名片收好，而是要写下他们属于哪个行业在哪个岗位任职，以及他们感兴趣的东西，包括一些特别的事物。虽然没有多少细节，但需要的时候，这肯定能发挥出很大的作用。

3.对他人祝福

养成经常翻看名片、记录卡片的习惯，工作的间隙翻一下社交档案，给对方打一个问候的电话，发一条祝福的短信等，让对方感觉到你的存在和对他的关心与尊重。在熟人特殊的日子送上一条短信、发一封电子邮件等等，这个特殊的日子包括生日、婚礼、升职的日子等等，当然，在别人陷入困境的时候，也不要忘记对他进行鼓励。

4.保持背后的忠诚

在人际关系中，一个根本的原则是尽可能地让人感受到你的信任，并且以此收获信任。这需要我们做许多事，比如不要当面夸奖朋友，背后却在批评朋友，聊朋友的隐私。

5.保持沟通和会面的渠道

与同行每个月在聚会上碰面，这种内部聚会会有不少免费的内部消息。这是与朋友能够保持见面和交流的渠道，你会发现感情因此不褪色，甚至还会增色。当然，当别人有信息的时候，也肯定不会忘记提供给你。

随着社会快速发展，整个世界出现信息共享的现象，成为一个“命运共同体”。在这个日渐向好的时代，每个人要及时充电，融入这个社会，以自己为圆点，向四周辐射，编织一张优质而高效的人际关系网，这张网连接着每一个人的内心深处，网里的每一个人都是彼此的受益者，也承担着助益者的角色。本书中，结合读者生活工作中普遍出现的社交问题和困惑，提出了一系列切实可行的建议。

说到底，人脉看似是一种社交工具或者资源，其实是一种关系哲学。在这门重要的哲学中，每个人都需要认识自己、认识别人、认识人脉资源的价值，每一个读者都要清楚自己的关系需求，明白自己的人生规划，设计自己的人脉结构，并且采取有效的行动，成就更优秀的自己。最后，希望每一个读者都能从本书受益，如果能因本书使自己的生活、工作现状得以提升，那将是身为作者的我莫大的欣慰！